# MAX L

T0258652

# ESPERANZA
## inquebrantable

CASA
CREACIÓN
*Para vivir la Palabra*

*Para vivir la Palabra*

MANTÉNGANSE ALERTA;
PERMANEZCAN FIRMES EN LA FE;
SEAN VALIENTES Y FUERTES.
—1 CORINTIOS 16:13 (NVI)

*Esperanza inquebrantable* por Max Lucado
Publicado por Casa Creación
Miami, Florida
www.casacreacion.com
©2023 Derechos reservados

ISBN: 978-1-955682-97-8
E-book ISBN: 978-1-955682-98-5

Desarrollo editorial: *Grupo Nivel Uno, Inc.*
Adaptación de diseño interior y portada: *Grupo Nivel Uno, Inc.*
Imagén de portada: *Getty Images.*
Fotografo: *Roy Morsch*

Publicado originalmente en inglés bajo el título:
*Unshakable hope*
Trilogy Christian Publishers
A Wholly Owned Subsidary of
Trinity Broadcasting Network
2442 Michelle Drive Tustin, CA 92780
© 2019 by Max Lucado

Impreso en Colombia

23 24 25 26 27 LBS 9 8 7 6 5 4 3 2

# Contenido

# INTRODUCCIÓN

Ya no construyen cosas como antes. Catedrales, castillos y monumentos siguen en pie siglos después de su construcción. Desde las catedrales de Roma hasta el Álamo, a poca distancia de mi casa, hay algo especial en los edificios que resisten la prueba del tiempo. Las guerras no los destruyeron. Las tormentas tampoco pudieron devastarlos. Se podría decir que son inquebrantables.

Por otro lado, me pregunto qué tipo de vida estás edificando tú. Vivimos en un mundo demasiado inestable. Las promesas se rompen. Los mercados de valores se desploman. Las relaciones se desmoronan. Los pilares de nuestra fe son atacados y probados. Sin embargo, ¿quieres ser inquebrantable en un mundo tan inestable como este? Puedes edificar tu vida sobre las promesas imperecederas de Dios. ¿Tienes algún problema? Dios tiene una promesa para ti. Estas promesas superan la prueba del tiempo y sortean las tormentas más grandes de la vida. En este estudio, vamos a explorar algunas de esas grandes y preciosas promesas que se encuentran en la Palabra de Dios. Así que cuando el mundo ruja a tu alrededor, puedes levantarte con una *esperanza inquebrantable*.

## MI DECLARACIÓN

*Estoy edificando mi vida sobre las promesas de Dios.*
*Debido a que sus promesas son inmutables, mi mundo es inquebrantable.*
*No me apoyo en los problemas de la vida ni en el dolor de la existencia.*
*Estoy firme en las grandes y preciosas promesas de Dios.*

5

# Capítulo 1

## El Dios conocible

Uno de mis recuerdos favoritos de la infancia es cuando saludaba a mi padre a su regreso del trabajo. Mi mamá, que trabajaba en el turno de la tarde en el hospital, salía de casa a eso de las tres mientras que papá llegaría a las tres y media. Mi hermano y yo nos quedábamos solos durante esa media hora con instrucciones estrictas de no salir de ahí hasta que llegara papá. Aunque se demorara un poco, teníamos la confianza inquebrantable de que entraría por aquella puerta en cuestión de minutos.

Nos acomodábamos en el sofá a ver los dibujos animados, siempre con el oído alerta al camino de entrada. Incluso al mejor "Pato Lucas" lo abandonábamos cuando escuchábamos el auto de papá.

Recuerdo que salía corriendo a su encuentro y me envolvía con sus grandes (y, a menudo, sudorosos) brazos. Mientras me cargaba en dirección a la puerta de la casa, me ponía su sombrero de paja de ala ancha en mi cabeza y yo, por un instante, pensaba que era un vaquero. Nos sentábamos en el porche mientras él se quitaba las botas de trabajo grasientas (que nunca se permitían dentro de la casa). Cuando se las quitaba, yo me las ponía y, por otro rato, me convertía en un jinete. Luego entrábamos y abríamos su lonchera. Cualquier refrigerio sobrante, que siempre parecía tener, era para que mi hermano y yo lo dividiéramos. Era algo grandioso. Botas, sombreros y meriendas. ¿Qué más podría desear un niño de cinco años?

Pero imaginemos que eso no era todo. Supongamos que, en vez de volver a casa, papá solo enviara algunas cosas. Botas para que yo jugara. Un sombrero para que me lo pusiera. Bocadillos para que me los comiera. ¿Sería eso suficiente? Tal vez, pero no por mucho tiempo. Los regalos pronto perderían su encanto. Rápido, si no de inmediato, preguntaría: "¿Dónde está papá?".

O podríamos considerar algo peor. Supongamos que me llama y me dice: "Max, ya no volveré a casa. Pero te enviaré mis botas y mi sombrero, y todas las tardes podrás jugar con eso".

Eso no es así. No funciona. Ni siquiera un niño de cinco años cree que son los regalos los que hacen que una reunión sea especial. No son las cosas superficiales lo que hace que una reunión sea especial, sino la presencia del padre.

Tal vez tuviste un padre así. Uno que, por cualquier razón, circunstancia o decisión, no estuvo presente en tus cumpleaños, en los días festivos ni en las graduaciones. Quizás la única conexión que tuviste con él, en esos días especiales, fue un regalo o una tarjeta. O es posible que ni siquiera eso. Ni tarjetas ni contacto. Tu padre estuvo completamente ausente. La noción de un padre que participe en los detalles cotidianos de tu vida es un concepto extraño para ti. Y, sin embargo, en nuestros corazones, sabemos que eso nunca debió ser así. Estábamos destinados a tener una relación significativa con él.

Ahora bien, imagina a Dios haciéndonos esta oferta: *Te daré todo lo que desees. Cualquier cosa. Amor perfecto. Paz eterna. Nunca tendrás miedo ni estarás solo. Ninguna confusión entrará en tu mente. Ninguna ansiedad ni aburrimiento entrarán a tu corazón. No te faltará nada nunca. No habrá pecado. Ni culpa. Ni reglas. Ni expectativas. Ni fallos. Nunca estarás solo. Nunca te lastimarás. Nunca morirás. Pero hay un pequeño detalle:*

*Nunca verás mi cara.*

¿Querrías eso? ¿No? Yo tampoco. Ni Dios tampoco. La verdad es esta: Dios quiere que lo conozcamos. Es más, él asegura que podemos conocerlo.

"Lo prometo" es una frase muy simple y poderosa. Sin alardes. Sin adjetivos variables. No obstante, envuelven las oraciones que vienen antes o después en un compromiso inquebrantable. Pero para muchos de nosotros, las promesas no significan tanto. Hemos visto muchas que se rompen tan fácilmente como se formulan. Y son tan fáciles de olvidar como de recordar. Pero eso no ocurre con Dios. Cuando Dios hace una promesa, la cumple sin excepción. No hay trucos ni engaños, y la promesa no puede ser anulada ni rota. Es como si Dios tirara la llave. Las promesas de Dios son irrevocables y no pueden ser quebrantadas.

Busca esta hermosa promesa de Dios en Hebreos 8:11:

**Ya no tendrá nadie que enseñar a su prójimo, ni dirá nadie a su hermano, _____, porque todos, desde el más pequeño hasta el más grande, _____.**

Hace algunos años, Denalyn y yo hicimos un recorrido por la Torre Eiffel en París. Es una estructura icónica fascinante, que se eleva por encima de la gran Ciudad de las Luces. Algunos turistas usaban audífonos por los que les narraban el recorrido a su propio ritmo. Otros seguían a los guías turísticos y escuchaban en algunos momentos. Otros no tenían auriculares ni guías de turismo. Supusieron erróneamente que podían responder a todas sus preguntas por sí mismos. Uno de estos últimos fui yo. Pronto me arrepentí de no haber tenido la ayuda de un auricular o de un guía turístico. Tenía más preguntas que respuestas. ¿Cuánto tiempo se tardó en construir? ¿Quién tuvo la idea de edificarlo? ¿Por qué escogió esta ubicación? ¿Habrá sido alcanzado alguna vez por un rayo?

Denalyn no sabía nada. Yo tampoco. Pero los guías sí sabían. Así que, debo confesar, escuchaba sin que nadie lo notara. Oí bastante, pero lo que *no* escuché fue la siguiente invitación:

"¿Les gustaría, a algunos de ustedes, conocer al diseñador?" O: "¿Podría interesarle a alguien tener una relación con el arquitecto?".

Esas ofertas no se hicieron nunca. ¿Por qué? Bueno, por un lado, el diseñador está muerto. Ya no habita la tierra. Pero, aunque

Gustave Eiffel todavía estuviera vivo, ¿cuáles son las probabilidades de que estuviera dispuesto a ser conocido? ¿Para recibir consultas? ¿Para responder personalmente las preguntas? No, no podemos conocer al diseñador de la Torre Eiffel.

Sin embargo, podemos conocer al diseñador del Gran Cañón, del ojo humano y de la Vía Láctea. El arquitecto del edificio Empire State está muerto, enterrado y no disponible. Pero aquel que surcó el Cañón Malvern en el fondo marino del Océano Atlántico no lo está. El creador de la Torre Eiffel ya no puede hablar, pero el Creador del Monte Everest está vivo y coleando. Y nos invita a conocerlo.

Vuelve a observar esta gran promesa.

"Todos, _____" (Hebreos 8:11).

---

### LA PROMESA DE DIOS

*Él quiere conocernos y promete darse a conocer a nosotros.*

---

Esa es la Palabra de Dios para nosotros. Podemos descansar en él. Pero también podemos actuar en consecuencia. Las promesas de Dios nos impulsan a nuevas profundidades en nuestra relación con él. Así es como podemos responder a su invitación a conocerlo:

---

### MI PROMESA

*Haré de la búsqueda del conocimiento de Dios mi mayor prioridad.*

---

Así como una gema resplandeciente, que gira revelando una nueva belleza en todos sus ángulos, hay muchas cosas que aprender acerca de Dios. A lo largo de la historia, él ha seguido revelando diversas facetas de lo que es a su pueblo. Y, por toda la eternidad, continuaremos descubriendo más. Pero hay algunas cosas que ahora sabemos que son ciertas.

Dios prevé un día e incluso garantiza el momento en que todos los que quieran conocerlo lo harán. Qué diferencia hace esta promesa. El pueblo de la promesa tiene como objetivo supremo conocer a Dios. Creen que llegará el día en que lo verán cara a cara. Los misterios serán resueltos. La majestuosidad será presenciada. Incluso ahora, Dios está descorriendo la cortina, invitándonos a echar un vistazo.

Comienza con esta verdad fundamental: Dios es.

Dios es el Alfa y la Omega. El principio y el fin. Él fue antes de todas las cosas. Y todas las cosas vienen de él. Todo lo que existe da evidencia de la existencia de Dios. La complejidad del copo de nieve, el rugido de una tormenta, la precisión de la abeja, el burbujeo de un fresco arroyo de montaña. Estos milagros y un millón más dan testimonio de la existencia de un Dios brillante, sabio e incansable.

Negar la existencia de Dios, después de todo lo que ha hecho y de todo lo que podemos ver, es una decisión atroz y desastrosa. Dios no da cuartel a quien, al ver lo que él ha hecho, se atreve a decir que no existe. David escribe la primera línea del Salmo 14 con esta advertencia: "El necio dice en su corazón: 'No hay Dios'".

Imagínate que preparas una comida deliciosa e invitas a los convidados a tu mesa. Suponte que uno de ellos, al ingerir los alimentos, se limpia la boca con una servilleta y anuncia: "Qué suerte la de esta comida. Todos los ingredientes saltaron del gabinete a la mesa de preparación. Se mezclaron precisamente en la medida exacta. Qué maravilla de la ciencia que luego se elevaron y se introdujeron en el horno, donde se cocinaron durante la cantidad perfecta de tiempo a la temperatura adecuada. La puerta del horno se abrió de golpe y la comida salió volando hasta la mesa para nuestro consumo".

¿Cuál es tu opinión como cocinero sobre este punto de vista? ¿Podrías expresarte de manera similar al autor del salmo? Tonterías.

La segunda verdad es esta: Dios es conocible.

Él no se ha escondido. No les cierra la puerta a sus hijos. No se resiste a nuestras preguntas ni rechaza nuestras consultas; todo lo contrario: promete el éxito a todos los que lo buscan.

Hay muchas cosas en la vida que quizás nunca entiendas. La tabla periódica de los elementos, el camino de una mujer con un hombre, la razón por la que Dios hizo los mosquitos. Nuestro Creador no nos garantiza que comprenderemos el cosmos o que sondearemos las profundidades del océano. Pero cuando se trata de conocer a Dios, él quiere que sepas que puedes conocerlo.

Esta es la más elevada de las promesas de Dios. Conoceremos a Dios. La Escritura contiene muchas promesas, pero ninguna le da la talla a esta. Del ejército de pactos de la Biblia, este es el buque insignia.

¿Y conocerlo a él no es saberlo todo? El apóstol Pablo se apresuró a abandonar todo logro si eso significaba que podía, en sus palabras:

_____ a Cristo, experimentar el poder que se manifestó en su resurrección, _____ en sus sufrimientos... (Filipenses 3:10).

La meta de la vida, desde la perspectiva divina, es conocer a Dios. La razón por la que cada día amanece es para concedernos más tiempo para conocerlo. El universo existe para declarar su gloria. La iglesia es para promover su belleza. La Escritura para revelar su corazón. Incluso el matrimonio es diseñado para enseñarnos acerca de una relación con Dios. Conocer a Dios es nuestra mayor prioridad.

Fuiste hecho para conocer a Dios. Fuiste hecho para sentir su gracia latir en tu corazón. Fuiste hecho para pararte al borde de su sabiduría y contemplar con asombro desde arriba. Fuiste hecho para conocer a Dios. Fuiste hecho para algo más que dinero, disfrutar fines de semana y tener una buena jubilación. Fuiste creado para algo más que una vida simple, ordinaria y mundana.

No te conformes con dominar una habilidad; busca al Maestro de los cielos. No te conformes con una vida bien vivida; explora al Creador de la vida. No te conformes con los placeres y las posesiones; aspira a conocer a la Persona del cielo.

Fuiste hecho para conocerlo. Cuando lo buscas, estás en tu mejor momento. ¿Te estremecen las luchas de la vida? Considera la fortaleza de Dios. ¿Estás decepcionado con los placeres de esta tierra? Entonces amplía tu enfoque para que incluyas la inmensidad de la Deidad, el misterio de la Trinidad y la belleza de la cruz. ¿Te gustaría desechar tu pena? ¿Disipar tu estrés? Entonces, sumérgete de cabeza en la inmensidad de Dios que no se ha cansado ni se cansará nunca. ¿Te sientes pequeño e insignificante? Entonces intérnate en los tiernos brazos de tu poderoso Padre celestial; medita en sus palabras de amor. Haz que él sea el centro de tu vida.

- Buscar el dinero te hará codicioso.

- Buscar el placer te dejará vacío.

- Buscar el conocimiento te envanecerá.

- Buscar la popularidad te aislará.

Pero buscar a Dios satisfará tu alma.

¿Por qué? Porque esa búsqueda es tu llamado. Fuiste hecho para conocerlo. Dios garantiza que aquellos que lo buscan lo hallarán. Es su promesa. Y podemos construir nuestras vidas sobre esa promesa.

De modo que, conocer a Dios, tiene que ser tu mayor prioridad. Jeremías 9:23-24 lo expresa de esta manera:

Así dice el Señor: "Que no se gloríe el sabio de su _____, ni el poderoso de _____, ni el rico de su _____. Si alguien ha de gloriarse, que se gloríe de _____ y de _____ que yo soy el Señor, que actúo en la tierra con amor, con derecho y justicia, pues esto es lo _____, afirma el Señor".

Cuando se trata del conocimiento de Dios, nuestros mejores pensamientos van desde las matemáticas de primer grado hasta su álgebra avanzada. Dios es incomprensible, pero eso no nos desanima. ¡Todo lo contrario! Lo exploraremos por la eternidad. En la era venidera, disfrutaremos de una eterna aventura de descubrimiento. ¡Los atributos de Dios nos fascinarán para siempre!

Pon tu esperanza firmemente en la promesa que Dios nos hace a todos nosotros:

"Me conocerán".

Él se dará a conocer a todos los que lo buscan. Asegúrate de ser uno de ellos comenzando con esta promesa propia:

"Haré del conocimiento de Dios mi mayor búsqueda".

## PREGUNTAS PARA LA REFLEXIÓN

1. ¿Cómo describirías al Dios que conoces?

_____

_____

_____

_____

2. ¿Cómo se describe Dios a sí mismo? (*Éxodo 34:5-7*)

_____

_____

_____

_____

_____

3. ¿Qué pasos puedes dar para conocer más a Dios hoy? ¿Este mes? ¿Este año?

_____

_____

_____

_____

## ORA LA PROMESA

*Jesús, viniste en carne para revelarnos al Eterno Dios*

*de una manera que pudiéramos saber.*

*Cada día continúas revelándote a nosotros.*

*Abre mis ojos para verte, incluso en los momentos más oscuros.*

*Ayúdame a mantener la promesa.*

*Te has hecho conocible de una manera muy real y personal.*

*Gracias por conocerme de principio a fin,*

*y gracias por querer que te conozca.*

*Amén.*

## CAPÍTULO 2

## EL DIOS DE PAZ

Era un día soleado de julio. Incluso en 1861, Washington, D. C. estaba abarrotado y ocupado. Por lo que un viaje al campo sería agradable. La idea de los excursionistas no nos sorprende. La gente no fue la primera ni la última en empacar una comida y salir de excursión dominical vespertina. No, no fueron las canastas de picnic las que le dieron notoriedad a ese grupo. El asunto era dónde iban a desempacarlas.

Iban a un campo de batalla. La multitud montó a caballo y en carruajes hasta Manassas para presenciar cómo ponían fin, los soldados de la Unión, a lo que consideraban una rebelión breve. Su intención era sentarse sobre las mantas, comer pollo y animarlos a la distancia.

Un soldado los describió como una "multitud de espectadores".

Sin embargo, no pasó mucho tiempo antes de que la realidad se precipitara. El sonido de los disparos, el derramamiento de sangre y los gritos de los soldados heridos. Pronto, las personas se dieron cuenta de que aquello no era un picnic. Los padres agarraron a los hijos y los maridos llamaron a sus esposas. Se montaron en sus carruajes y en sus caballos. Algunos quedaron atrapados en una estampida de tropas de la Unión en retirada. Un espectador, un congresista de Nueva York, se acercó demasiado al combate y fue capturado por soldados confederados. Pasó seis meses en una prisión de Richmond.

Esa fue la última vez que los espectadores llevaron una canasta de picnic a un campo de batalla.

¿O acaso hubo alguna otra ocasión?

¿Será que nosotros cometemos el mismo error? ¿Será que estamos bajo la misma suposición falsa? ¿Es posible que hagamos hoy lo que hicieron entonces los washingtonianos? De acuerdo a la Biblia, hay una guerra en pleno apogeo.

Efesios 6 lo expresa de esta manera:

**Nuestra lucha no es contra** _____, **sino contra poderes, contra autoridades, contra potestades que dominan este mundo de tinieblas, contra fuerzas espirituales malignas en las regiones celestiales. Por lo tanto, pónganse** _____ **para que cuando llegue el día malo puedan resistir hasta el fin con firmeza. Manténganse firmes, ceñidos con el** _____, **protegidos por la coraza de justicia, y calzados con la disposición de proclamar el** _____ **de la paz. Además de todo esto, tomen el** _____ **de la fe, con el cual pueden apagar todas las flechas encendidas del maligno (Efesios 6:12-16).**

Estamos en una batalla, por lo que debemos tomarla en serio. Una batalla no de la carne ni de sangre, sino del espíritu. Más real que cualquier cosa que vemos en lo natural. Así que no entres en esta batalla con una canasta de picnic. No creas que puedes luchar contra el enemigo tú solo. Presta atención a las palabras de las Escrituras y ponte la armadura completa de Dios para que estés preparado para la lucha y puedas mantenerte firme en el campo de guerra.

Pablo imagina a un soldado romano preparándose para la batalla. El soldado de infantería sabe que es mejor no pasearse por el campo de batalla vistiendo nada más que una túnica y unas sandalias. Él se encarga de prepararse bien. Cinturón. Armadura. Escudo. Espada. Lleva todas las armas al conflicto. Todas son importantes. Todas son necesarias. Si llevas el cinturón, pero no el casco, perderás la cabeza. Si llevas la espada, pero te olvidas del escudo, serás vulnerable a una flecha. Si llevas los zapatos, pero te olvidas de la espada, entonces más te vale correr. El soldado debe equiparse adecuadamente y estar preparado.

¡Eso es lo que debemos hacer nosotros también! ¡Así debemos hacerlo! ¿Osamos pasear en el día sin protección? ¿Nos atrevemos a vagar en territorio enemigo sin arma? No, si queremos mantenernos firmes. Cada batalla, en última instancia, es una lucha espiritual. Nuestro enemigo no es pasivo ni justo. Él está activo y engañando. Tiene estratagemas y estrategias.

En consecuencia, también necesitamos una estrategia. 2 Corintios 10:3-4 habla de esta batalla espiritual en la que estamos.

**¿Cómo no vamos a luchar?** _____

_____

_____

**¿Cuál es el propósito de nuestras armas?** _____

_____

_____

¿Quién es nuestro enemigo? El que se volvió contra Dios, engañó a Adán y a Eva, y que hoy amenaza nuestros corazones. El que viene a robar, matar y destruir. Satán.

Pero anímate. Tenemos una promesa a la que podemos aferrarnos en medio de la batalla.

## LA PROMESA DE DIOS

*Te he dado poder sobre el enemigo.*

## MI PROMESA

*Reconoceré a Satanás pero adoraré a Dios.*

Pasé uno de mis veranos en la escuela secundaria como obrero en el campo petrolero del oeste de Texas colocando oleoductos. Una gran máquina excavadora de zanjas iba al frente cavando una zanja de unos dos metros de profundidad. Seguíamos detrás, quitando el exceso de tierra y las rocas.

En algún momento, la excavadora hacía más que abrir zanjas; por ejemplo, una vez irrumpió en el nido de una serpiente de cascabel. Alguien la vio en el hoyo y gritó. Estoy seguro de que nunca has visto a unos tipos salir de un agujero más rápido. Uno de los trabajadores lanzó su pala como una jabalina y decapitó a la serpiente. Nos paramos en el terreno más alto y vimos cómo la culebra que, ahora sin cabeza, se retorcía y revolcaba abajo en la tierra del hueco.

Ahora bien, sé lo que estás pensando. "Gracias por esa inspiradora imagen, Max. Es lo que necesitaba para darle alguna esperanza a mi día".

De acuerdo, la imagen no es inspiradora, aunque es esperanzadora. Esos pocos momentos en el verano del oeste de Texas son una parábola del punto en el que estamos en la vida.

Permite que la serpiente represente al diablo. No es algo difícil. Juan llama a Satanás… *aquella serpiente antigua que es el diablo…* (Apocalipsis 20:2).

Deja que la espada de la pala represente la cruz de Jesús. Pablo nos da las buenas noticias. Solo que no dice que la serpiente está decapitada, sino que está desarmada.

**Según Colosenses 2:15, ¿a quién desarmó Dios?** _____

_____

**¿Cómo hizo eso?** _____

_____

Lo que el trabajador le hizo a la serpiente, nuestro gran Dios se lo hizo al diablo. Para él no había forma de escabullirse en las sombras. No había manera de despedirlo en silencio. No, Jesús avergonzó públicamente al atormentador de nuestros corazones. La versión Biblia El Mensaje, incluso, dice:

*Él despojó a todos los tiranos espirituales en el universo de su falsa autoridad en la cruz, haciéndolos marchar desnudos por las calles* (Colosenses 2:15 BEM).

No importa cómo traduzcas el versículo, el mensaje es el mismo: el diablo es un enemigo derrotado.

La Biblia se remonta a las actividades de Satanás hasta la rebelión que ocurrió en algún momento entre la creación del universo y la aparición de la serpiente en el jardín. Génesis 1:31 dice:

**Dios** _____ **todo lo que había hecho, y consideró que era** _____ _____.

Al principio, todo estaba bien. Cada gota de agua, cada árbol, cada animal y, por extensión, cada ángel. Sin embargo, en algún momento entre los acontecimientos descritos en Génesis 1 y 3, un ángel dio un golpe contra Dios y fue arrojado del cielo. El profeta Ezequiel describe la caída.

Él escribió: *Así dice el Señor omnipotente: "Eras un modelo de perfección, lleno de sabiduría y de hermosura perfecta. Estabas*

20

*en Edén, en el jardín de Dios, adornado con toda clase de piedras preciosas: rubí, crisólito, jade, topacio, cornalina, jaspe, zafiro, granate y esmeralda. Tus joyas y encajes estaban cubiertos de oro, y especialmente preparados para ti desde el día en que fuiste creado. Fuiste elegido querubín protector, porque yo así lo dispuse. Estabas en el santo monte de Dios, y caminabas sobre piedras de fuego. Desde el día en que fuiste creado tu conducta fue irreprochable, hasta que la maldad halló cabida en ti"* (Ezequiel 28:12-15).

Este ser estaba en el Edén, fue ungido [elegido] como ángel guardián [querubín protector], habitó en el monte santo de Dios y fue irreprensible desde el día en que fue creado hasta el día en que apareció la maldad. ¿Quién puede ser ese sino Satanás? Esta profecía es nada menos que una descripción de la caída del diablo. El corazón de Lucifer se enorgulleció. No se contentó con adorar; tenía que ser adorado. No se complació con inclinarse ante el trono de Dios; tenía que sentarse en él. Con razón la Biblia dice que el orgullo es el pecado que Dios más odia. No es extraño entonces que Pablo instara a Timoteo a que no se apresurara a promover a un nuevo converso "no sea que se envanezca y caiga bajo el mismo juicio que el diablo".

Satanás sucumbió al orgullo y, como resultado, fue expulsado del cielo.

Sin embargo, aunque fue arrojado del cielo, no está fuera de nuestras vidas. Él está muy vivo hoy y al acecho. 1 Pedro 5:8 dice:

**Practiquen el _____ y manténganse _____. Su _____ ronda como león rugiente, buscando a quién devorar (1 Pedro 5:8).**

El diablo solo viene a robar, matar y destruir. ¿Has conseguido la felicidad? Satanás quiere robártela. ¿Descubriste la alegría?

Intentará aniquilarla. ¿Amas a tu cónyuge? Nada le gustaría más a Satanás que destruir tu matrimonio. Él es el enemigo de tu destino y anhela ser el destructor de tu alma.

Así que ponte toda la armadura de Dios con el cinto de la verdad ceñido alrededor de tu cintura y la protección de una vida recta en tu pecho. Lleva en tus pies la buena nueva de la paz para que puedas mantenerte firme. Y también usa el escudo de la fe con el que puedes detener todas las flechas ardientes del Maligno. No te dejes atrapar desprevenido ni dormido durante la guardia.

Aprende a reconocer su hedor. Ya que viene a robar, matar y destruir, dondequiera que veas atracos, muerte y destrucción, vuélvete a Dios en oración. Su nombre significa "divisor", así que donde sea que veas divorcio, rechazo y aislamiento, ya conoces al culpable. Dirígete de inmediato a las Escrituras. Afírmate en las promesas de Dios con respecto a Satanás.

Mi amigo Carter Conlon ha ministrado en la ciudad de Nueva York durante más de dos décadas. Sin embargo, pasó muchos de sus primeros años en una granja. Él recuerda una escena en un corral que ilustra la condición de Satanás. En el granero había un montón de gatos. La mamá de los gatos acorralaba a un ratón en el campo, lo hostigaba y lo molestaba hasta que el roedor se agotaba. Luego se llevaba a los gatitos para enseñarles cómo atraparlo y matarlo. Carter recuerda cómo se levantaba sobre las patas traseras y se preparaba para pelear, el ratón, al ver a los mininos. El roedor enseñaba sus diminutos dientes amarillentos y extendía sus pequeñas garras. Luego intentaba gruñir y sisear. Su única esperanza era convencer a los gatitos de que él era algo distinto a lo que era: un ratón derrotado, debilucho y superado en número. Si no lograba convencerlos, ya había perdido. Los gatitos ni siquiera tenían que pelear para alzarse con la victoria.

Jesús ya ha vencido también a la rata del cielo. De modo que mantente alerta ante el diablo, pero no te dejes intimidar por él. No te dejes sacudir. Tu esperanza está en el Dios que ya lo derrotó.

Solo tienes que mantenerte firme. No temas, poderoso guerrero; el Señor está de tu lado. Cree en esta poderosa promesa de Dios:

**Muy pronto el Dios de paz aplastará a Satanás bajo los pies de ustedes (Romanos 16:20).**

Y aprópiate de esta promesa:

**Reconoceré a Satanás pero adoraré a Dios.**

## PREGUNTAS PARA LA REFLEXIÓN

1. ¿Cuál es la batalla más grande que estás enfrentando en tu vida?

_____

_____

_____

_____

2. ¿Qué promesa de la Biblia puedes usar como espada para derrotar a tu enemigo en esta batalla?

_____

_____

_____

_____

3. ¿Qué promesa de la Biblia puedes levantar como escudo contra las mentiras del enemigo en esta batalla?

_____

_____

_____

_____

## ORA LA PROMESA

Padre, tú eres el Dios que brinda paz.

Me lo has prometido.

Reconozco que hay un enemigo que busca destruir mi alma,

pero mantengo la promesa de que mayor es el que está en mí

que el que está en el mundo.

Y sé que me llevarás a salvo a través de cada lucha

y en la paz que me prometiste.

Amén.

# CAPÍTULO 3

## HECHO A IMAGEN DE DIOS

Algunos de ustedes hallarán esto difícil de creer, pero hubo un tiempo —hace muchos años— en que la seguridad del aeropuerto era casi inexistente. Una persona podía entrar a un aeropuerto, caminar por la terminal, mostrar un boleto al asistente y abordar el vuelo. No había escaneo electrónico. Ni máquinas de rayos X. Ni ningún equipo de seguridad que examinara tu bolso o agitara una varita sobre tu camisa. Abordar un avión era tan fácil como montarte en un autobús urbano.

En una de esas ocasiones, abordé un vuelo nocturno de San Antonio a Denver. Pasé por lo que pensé que era la puerta correcta, entregué mi boleto a un cansado agente de la puerta, abordé el vuelo y me quedé profundamente dormido. Dormité antes de que el avión estuviera completamente lleno. Nunca escuché la bienvenida del piloto ni las instrucciones de la azafata en cuanto al cinturón de seguridad. Solo cuando el avión estaba acercándose a su destino comencé a despertarme. La azafata nos dijo que volviéramos a colocar nuestros asientos en posición vertical, que nos abrocháramos los cinturones de seguridad; que estábamos a punto de aterrizar en *Houston*.

¿Houston? ¡Necesitaba ir a Denver! ¿Cómo ocurrió eso? Aparentemente, una extraña combinación de acontecimientos había conspirado para llevarme a la ciudad equivocada. Las puertas de los vuelos a Denver y a Houston estaban una al lado de la otra. El agente de la puerta no estaba atento. No había ningún dispositivo electrónico para confirmar mi destino. Me quedé profundamente dormido una vez a bordo.

Salí del avión, exasperado y confundido. Corrí hacia el agente de boletos y le hice dos preguntas urgentes: ¿Cómo llegué aquí? ¿Y cómo llego a donde se supone que debo estar?

¿Acaso existen preguntas más fundamentales que esas? ¿Cómo llegamos aquí? ¿Cómo llegamos a donde se supone que debemos estar? Si vivimos lo suficiente en esta tierra, estas son dos preguntas que toda persona se plantea. No importa dónde nazcamos ni el camino que tome nuestra vida. Desde el príncipe hasta el pobre, estas son preguntas para las que todos deseamos una respuesta.

Ninguno de nosotros pidió estar aquí. Ninguno de nosotros puede recordar un momento en el que hayamos determinado: "Existiré como ser humano". Cuando supimos que éramos humanos, ya habíamos sido concebidos, formados, dados a luz, limpiados, cambiados de pañales, alimentados, expelidos y disciplinados. Llevábamos años de existencia antes de que se nos ocurriera preguntar: "¿Cómo llegué aquí? ¿Cómo sucedió eso? ¿De quién fue la idea de que yo exista?".

Poco después, comenzamos a hacernos la segunda pregunta: "¿Cómo llego a donde se supone que debo estar?". Este mundo a menudo no se siente bien. La gente se mata entre sí. El cáncer les roba a los niños su salud. La gente mala se hace rica. La gente buena pasa hambre. Algo está mal. ¿Es esto tan bueno como se supone? ¿Hay algo más de lo que veo? Estoy atrapado en Houston. Necesito estar en Denver.

¿Dónde encontramos la respuesta a estas preguntas estremecedoras? Estas preguntas que roen nuestros días y nos mantienen despiertos en la noche. ¿Quién soy? ¿A dónde voy?

Las Escrituras se refieren a ambas cosas en su capítulo inicial con esta promesa en Génesis 1:26:

**Entonces dijo Dios: "Hagamos al ser humano_____ _____ y semejanza".**

Dios nos hizo para un propósito excelso y santo. Reflejamos la imagen de Dios. De todas las criaturas que él hizo, se dice que nosotros —y exclusivamente nosotros— somos hechos a su semejanza. Dentro de ti y de mí está la esencia del propio Dios. Una semilla sagrada, una chispa divina. Estamos embarazados de su naturaleza.

Es por eso que fuimos creados. Dios nos hizo para dar testimonio de su propia grandeza. No existes para promocionarte. Yo no existo para promoverme. Existimos para promover a Dios. Somos hechos a su imagen.

---

### LA PROMESA DE DIOS

*Estás hecho a mi imagen.*

---

### MI PROMESA

*Aceptaré mi papel como portador de la imagen de Dios.*

---

Al principio, Dios creó la belleza y la complejidad de las galaxias. Puso los sistemas solares en órbita. Esparció las estrellas por los cielos. Creó la tierra y los mares, las bestias del campo y las aves del aire. Toda la tierra fue creación suya y la llamó buena. Pero cuando creó al ser humano, lo llamó MUY bueno. Cuando

Dios creó a Adán y a Eva, los hizo para que se parecieran más a él que cualquier otra cosa que haya hecho. Él nunca declaró: "Hagamos océanos a nuestra imagen…" Ni "Pájaros a nuestra semejanza…" Los cielos reflejan la gloria de Dios, pero no están hechos a su imagen.

Puedo imaginar el gran espectáculo ahora... Colocó una bola de arcilla sobre otra hasta que tenía una figura yaciendo sin vida en el suelo. Todos los habitantes del jardín se detuvieron para presenciar el acontecimiento. Los halcones revolotearon. Las jirafas se estiraron. Los árboles se inclinaron. Las mariposas se detuvieron sobre los pétalos y observaron.

"Me amarás, naturaleza", dijo Dios. "Yo te hice así. Me obedecerás, universo. Porque estás destinado a eso. Mi gloria reflejarán, cielos, porque así fueron creados. Pero este será como Yo. Este podrá elegir. Y luego sopló su propia vida en el hombre.

Cada uno de nosotros "se parece" a Dios en muchas maneras. No hay excepción a esta promesa. El miembro de la tribu, el hombre de la montaña, el hombre de negocios. La dama de la corte, la dama de la noche, la dama de la calle. Todo hombre y mujer, nacido o no nacido, rico o pobre, urbano o rural, está hecho a imagen de Dios. Algunos suprimen esa imagen. Otros la realzan. Pero todos fueron hechos a la imagen de Dios para reflejar la grandeza de Dios.

Adán y Eva caminaron con Dios en una hermosa clase de paraíso, con una vida libre de pecado, culpa y vergüenza. Compartieron las alegrías de Dios, su creación, su creatividad. Podrían haber continuado así, viviendo en una cercanía incomprensible con su Creador.

Sin embargo, en vez de eso, atendieron a la mentira. Una mentira que se deslizó en este hermoso mundo. En el jardín tenían opciones: el árbol de la vida —la vida con su Creador libre del dolor del pecado y de la muerte— o el árbol del conocimiento del bien y del mal. Un árbol del que Dios les había advertido que no comieran. Adán y Eva ya habían saboreado el "bien". Así que tomar de este árbol era probar ahora el veneno amargo del pecado y el mal. Pero esa advertencia protectora fue convertida en una mentira por el enemigo de nuestras almas: "Dios no quiere que sepan el bien y el mal, porque no quiere que sean como él". El mismo Dios que creó al hombre *a su imagen*. ¡Qué clase de mentira!

Ahora bien, esto puede parecer una mentira fácil de reconocer, como el niño cubierto de migas que te asegura que ciertamente no fue *él* quien metió su manos en el recipiente de las galletas. Pero esta mentira ridícula es mucho más sutil y está más difundida de lo que piensas. Es una mentira que todavía continúa. Una mentira que descarta la idea de que el hombre y la mujer son creaciones de gran valor hechas a la imagen de Dios. Y, en vez de eso, los reduce al mero resultado de la casualidad y el azar. Así que no es de extrañar que la pregunta "¿De dónde vengo?" persista en el mundo de hoy.

La humanidad fue engañada. La mentira fue creída. Y el pecado entró en escena. El arribo del pecado distorsionó esta imagen, pero no la destruyó. Nuestra pureza moral ha sido contaminada. Nuestro intelecto está contaminado por ideas necias. Hemos caído presa del elixir de la autopromoción en vez de promover a Dios. La imagen de Dios a veces es difícil de discernir. Pero no pienses ni por un momento que Dios ha rescindido su promesa o alterado su plan. Así como creó a Adán y a Eva, nos creó a nosotros a su imagen para que llevemos su semejanza y reflejemos su gloria.

El apóstol Pablo nos dice para qué fuimos creados en Efesios 1:11:

**En Cristo también fuimos hechos _____, pues fuimos predestinados según _____ de aquel que hace todas las cosas conforme al designio de _____.**

En la medida en que vivas para la gloria de Dios, la vida cobrará sentido. Pero, en caso contrario, la vida es difícil. Piénsalo. Si vives para promocionarte, entonces nunca estarás satisfecho porque no recibes suficiente reconocimiento. Siempre hay alguien que no se fija en ti. Tus compañeros de trabajo pueden reconocer tu esfuerzo, pero tu jefe no. Tu círculo cercano de amigos puede aplaudir tus estándares morales, pero las redes sociales pueden no hacerlo. Tu esposa puede elogiar tus esfuerzos como padre, pero tu hijo puede no hacerlo en un arranque de malhumor.

Sin embargo, si vives para la gloria de Dios, entonces pones tu cabeza sobre tu almohada —todas las noches— con un sentimiento de éxito. "Ahh, qué gran día. Amé a la gente para la gloria de Dios. Cuidé de mi familia para la gloria de Dios. Oré para la gloria de Dios".

Efesios 2:10 dice que:

Somos _____ de Dios, creados en Cristo Jesús para _____, las cuales Dios _____ de antemano a fin de que las pongamos en práctica.

Y según la Biblia, eres bueno y valioso porque Dios te hizo a su imagen. Punto. Eso no se basa en tu apariencia, tu nivel de inteligencia, tu valor neto ni tu piedad espiritual. Él te aprecia porque te pareces a él. Y se deleita en ti. Incluso dice que canta sobre ti.

¡Imagínate que Dios canta sobre ti!

¿Dejarías que esta verdad se abriera paso en tu corazón? Mírate a ti mismo como Dios te ve.

Amado.

Como su creación.

Hecho a su imagen.

Rechaza las mentiras y acoge esta palabra de Dios. ¡Eres único en toda la creación! Eres diferente de los animales, así que no actúes como ellos. No permitas que la gula, el sexo o el entretenimiento te controlen. Hay un propósito mayor para tu vida. Llevas la esencia de Dios en ti, así que ¡deja que se exprese a través de ti!

31

¿Dejarías que esta verdad defina la forma en que ves a otras personas? Cada individuo que ves fue creado por Dios para llevar su imagen. Toda persona merece ser tratada con dignidad y respeto. Esto significa que todos los individuos, los enfermos mentales, los ancianos, los no nacidos, los empobrecidos... cada uno de ellos merece ser visto como lo que es: portador de la imagen de Dios. Esa señora que te robó el puesto del estacionamiento... Dios la hizo. Ese hermano que constantemente trata de sacarte de tus cabales... Dios se deleitó en crearlo. Esa compañera de trabajo con la que es tan difícil llevarse bien... sí, Dios también la hizo.

¿Te imaginas el impacto que tendría esta promesa en la sociedad que la acogió? ¡Qué civismo engendraría! ¡Qué bondad y qué paciencia promovería! El racismo no puede prosperar cuando la gente cree que su prójimo tiene la imagen de Dios. El fuego de la hostilidad no tiene combustible cuando la gente ve al Creador amoroso a los ojos de la creación. ¿Menospreciará el marido a su esposa? No si cree que ella lleva el sello de Dios. ¿Descuidará el jefe a un empleado? No si cree que el empleado tiene una chispa divina. ¿Relegará la sociedad a los indigentes, a los ancianos o a los pobres? No si creen —y realmente creen— que todo ser humano es idea de Dios. Y Dios no tiene malas ideas.

Estás hecho a la imagen de Dios. Eres preciado y de gran valor. No importa cómo comenzó tu vida, fuera planeada o no. Lo que ha pasado o lo que la gente haya dicho de ti.

Después de que Adán y Eva eligieron conocer el pecado, Dios los encontró escondidos en el jardín avergonzados. Él le hizo una pregunta muy importante: "¿Quién te dijo que estabas desnudo?". La vergüenza había entrado en el mundo. Y ahora te pregunto hoy. ¿Quién te dijo que deberías avergonzarte? Avergonzarte de tu pasado. Avergonzarte de tu nacimiento. Avergonzarte de tu apariencia, educación o estatus social. ¿Quién te dijo que no tienes un propósito? Que viniste de la nada y no vas a ninguna parte. ¿Quién te ha dicho que no vas a llegar a mucho? Que no tienes lo que se necesita. ¿Quién te lo dijo? Porque ese no fue Dios. No fue aquel que te creó a su imagen. No fue aquel que te dio nombre. Y la voz de tu Creador es la única que realmente importa. Él te hizo una promesa.

Tú y yo fuimos creados por Dios para darlo a conocer. ¡Este es el plan de Dios y él lo cumplirá! Pon tu esperanza en esta promesa: Estás hecho a imagen de Dios. Romanos 8:29 promete que:

**Porque a los _____ de antemano, también los predestinó a ser transformados según la imagen de su _____, para que él sea el primogénito entre muchos hermanos.**

Tenemos una esperanza inquebrantable en esta promesa. No nos perdimos. No estamos a la deriva en una galaxia sin sentido. Somos creados, amados y destinados a reflejar la imagen de Dios. Qué hermosa promesa.

Ahora hagamos nuestra propia promesa.

**Aceptaré mi papel como portador de la imagen de Dios.**

## PREGUNTAS PARA LA REFLEXIÓN

1. Si verdaderamente somos hechos a la imagen de Dios, ¿qué te dice eso acerca de Dios? ¿Cuáles son algunas de sus características que se manifiestan en nosotros?

_____

_____

_____

_____

2. ¿Ves tu vida de manera diferente sabiendo que fuiste creado a la imagen del Creador?

_____

_____

_____

_____

3. Contesta las dos preguntas que vimos al principio de este capítulo: ¿Cómo llegué aquí? ¿Y cómo llego a donde se supone que debo estar?

_____

_____

_____

_____

## ORA LA PROMESA

*Dios creador:*

*Me formaste y me hiciste con habilidades y con un propósito.*

*Sobre todo, me creaste en amor y para el amor.*

*Como portador de tu imagen, ayúdame ahora a vivir*

*para el propósito que tienes para mí.*

*Ayúdame a conocerte más íntimamente.*

*Permíteme sentir tu gran amor por mí,*

*y amar a los demás como un reflejo de ti.*

*Amén.*

# Capítulo 4

## No te ahogarás

Bertha Bourlard fue una de las pasajeras del segundo barco más famoso jamás construido: el Titanic. Era una joven francesa que vivía en París cuando conoció a la señora Walter Douglas, la esposa del fundador de Quaker Oats. La señora Douglas invitó a Bertha a viajar con la familia a Estados Unidos para que fuera su sirvienta. Bertha aceptó gustosa.

Y así fue como pasajera en el Titanic en esa fatídica noche del 14 de abril de 1912. Ella recordaba, y luego describiría, la hermosa cabina, los muebles ornamentados, las comidas, los bailes y el lujo. Ella llamó al Titanic un "palacio flotante". Pero luego vino el "golpe", como lo llamó ella. Estaba dormida. Supuso que era una tormenta. De repente se apagó la luz y llegaron los marineros gritando y repartiendo chalecos salvavidas. Ella respondió a la advertencia. No todos lo hicieron. La cabina contigua a la de ella estaba ocupada por pasajeros que se negaban a salir. Estaban seguros de que la nave sobreviviría.

Cuando se les dio la oportunidad de abordar el bote salvavidas, se negaron. Optaron por la elección equivocada. Pero Bertha atravesó las aguas heladas hasta ponerse a salvo porque escuchó la voz de los marineros.

En las tormentas turbulentas e inesperadas de la vida, Dios también nos ofrece un paso seguro. Después de la caída de Adán y Eva, llegó un momento en que el mundo mismo era un torrente de pecado, caos y violencia. Génesis 6:5-7 lo expresa así:

**Al ver el Señor que la _____ del ser humano en la tierra era muy grande, y que todos sus pensamientos tendían**

36

siempre hacia el _____, se arrepintió de haber hecho al ser humano en la tierra, y le dolió en el corazón. Entonces dijo: "Voy a borrar de la tierra al ser humano que he creado. Y haré lo mismo con los animales, los reptiles y las aves del cielo. ¡Me arrepiento de haberlos creado!".

*Pecado* es la palabra que la Biblia usa para describir nuestra decisión consciente de rebelarnos contra la voluntad de Dios.

El pecado es una actitud ante Dios que conduce a actos violentos hacia los hijos de Dios y la creación misma. En uno de sus salmos, David escribió:

"¡No hay uno solo que _____!". Desde el cielo Dios contempla a los mortales, para ver si hay alguien que _____. Pero todos se han descarriado, a una se han corrompido. No hay nadie que _____; ¡no hay uno solo! (Salmos 53:1-3).

Es difícil que pueda escribirse un soliloquio más sombrío que en ese pasaje de Génesis: "Toda inclinación de los pensamientos del corazón humano era solo el mal todo el tiempo". El pecado había devastado la condición humana. Se había extendido como un contagio entre la gente. Y habían apartado sus corazones de Dios. Lo que comenzó con Lucifer continuó a lo largo de los siglos.

- Satanás se apartó de Dios.

- Eva se apartó de Dios.

- Adán se apartó de Dios.

- La gente en los días de Noé se apartó de Dios.

- Yo me alejé de Dios.

- Tú te apartaste de Dios.

La evaluación bíblica del pecado es simplemente esta: universal y mortal. Todos pecan, y sin la ayuda de Dios, todos mueren a causa del pecado. ¿Quién puede reclamar una vida de pureza y santidad? Nadie.

Hemos hecho lo que hicieron Adán y Eva. Ellos lo hicieron primero y nosotros lo hemos seguido haciendo desde entonces. Ellos cometieron el pecado original y nosotros hemos cometido nuestros pecados personales. Incluso Pablo confesó que muchas veces deseaba hacer el bien, pero no lo hacía (Romanos 7:18)

Una pregunta convincente en la Biblia se encuentra en el libro de Proverbios:

> ¿Quién puede afirmar: "Tengo puro el corazón; estoy _____?" (Proverbios 20:9).

El pecado no solo contamina a todo ser humano, corrompe el ser de todo humano. No es solo que pequemos, es que no podemos dejar de hacerlo. Hacemos el bien, seguro, pero no podemos dejar de hacer el mal. ¿Consideras que es una exageración? ¿Una hipérbole? Si es así, haz la prueba de la santidad. ¿Puedes decidirte a pasar una semana sin pecar? ¿Un día? ¿Una hora? ¿Los próximos cinco minutos? Yo tampoco puedo.

**¿Qué dice Efesios 4:8 acerca de nuestra condición separados de Dios?**

_____

_____

_____

_____

Frente a la totalidad del pecado humano yace la pureza absoluta de nuestro Dios eterno. En la medida en que estemos llenos de pecado, Dios es justo. Él no es solo el Santo, es el Santísimo. Los ángeles en el trono de Dios declaran sin cesar: "Santo, santo, santo es el Señor Todopoderoso; toda la tierra está llena de su gloria" (Isaías 6:3).

El dilema es claro: Dios es santo y nosotros no. Dios es justo y nosotros injustos. Dios no tiene pecado y nosotros estamos llenos de pecado. Cuando Dios ve nuestro pecado desenfrenado, le rompe el corazón. Así que ¿dónde nos deja eso?

¿Te sientes náufrago a orillas de la vida? ¿Perdido en las olas de la culpa y la desesperanza?

---

## LA PROMESA DE DIOS

*Evitaré que te ahogues.*

---

## MI PROMESA

*Responderé al mal creciente con una fe creciente.*

---

En el vasto y oscuro valle del pecado y la maldad que había consumido al mundo, brillaba una pequeña vela. En el basurero creció una singular margarita. Si la humanidad era un enorme pozo de lodo, hubo un hombre que se hizo a un lado y se negó a enlodarse. Su nombre era Noé.

Cuando pensamos en ríos de dificultad, nuestras mentes regresan a Noé y al diluvio. Cuando meditamos en las promesas de Dios, nuestra mente se vuelve hacia Noé y el diluvio. De hecho, no podemos hablar de las promesas de Dios sin hablar de la promesa de Dios a Noé.

Todo sobre la historia de Noé es monumental.

Comienza con el barco. Tan largo como un campo de fútbol, más alto que una casa de dos pisos y más ancho que media docena de camiones uno al lado del otro. El bote era seis veces más largo que ancho; una proporción que todavía utilizan los constructores navales. Tenía una puerta que presumiblemente debió cerrarse desde el exterior y una singular claraboya. Considerando que nunca se había construido ningún barco, solo una palabra describe este proyecto. Monumental.

Luego estaban los animales. Los libros para niños suelen representar a dos de cada especie subiendo por una rampa. *Au contraire*. En realidad había más: una pareja de cada animal inmundo y siete pares de animales limpios. El rinoceronte. El hipopótamo. El mosquito. (Si este se hubiera olvidado). Elefantes. Roedores.

Gansos y jirafas. A Noé se le dijo que llenara el bote con una muestra de animales. No se menciona en las Escrituras, pero no debemos olvidarlo: el heno para los caballos, las nueces para las ardillas y los plátanos para los monos. El lugar era un zoológico. Esa fue una tarea monumental. Barco grande. Gran tarea. Pero el barco y la tarea eran monumentales porque las aguas de la inundación también lo serían.

Dios le dijo a Noé que esperara cuarenta días y cuarenta noches de lluvia. Lo que comenzó como un repiqueteo resultó en una inundación que se tragó todas las montañas altas, todas las criaturas vivientes y, lo que es más importante, toda la gente pecadora. Un pueblo consumido por el pecado y la violencia. Habían inundado la tierra con rebelión. Ahora Dios inundaría la tierra con agua. Esta fue la palabra de Dios a Noé. Construye el arca. Carga los animales. Entra en el barco. El diluvio se acerca.

En Génesis 6, justo en medio de un mundo que se ahoga en el pecado y la violencia, Dios le prometió a Noé un lugar seguro, una liberación inequívoca. En una historia de artesanía, tarea e inundación monumentales, hay una promesa monumental. Dios cuida de su pueblo. Él dijo:

"Contigo estableceré mi _____, y entrarán en el arca tú y tus hijos, tu esposa y tus nueras" (Génesis 6:18).

Luego leemos:

Noé hizo _____ lo que Dios le había mandado (Génesis 6:22).

La gente de la promesa hace esto. Cuando se les da la opción de elegir entre un mundo malo y un Dios bueno, confían en el Dios bueno. Cuando él dice que construyan un arca, la construyen. Cuando él dice: "Entrarás en el arca", ellos creen que lo harán.

Algunos de ustedes son Noé modernos. Noé en tu lugar de trabajo, Noé en tu vecindario, Noé en tu familia. Todos los demás se han alejado de Dios y tú te estás tornando hacia él. Él te ha visto. Él ha visto tu corazón y tu determinación; y tú, como Noé, has hallado gracia ante los ojos del Señor. Puede que no tengas favor ante los ojos de tu jefe, cónyuge o maestro, pero tienes favor ante los ojos de Dios.

La promesa de Dios a través de la historia de Noé es esta: No te ahogarás. Dios también nos ha enviado un barco de rescate. En nuestro caso, somos salvos, no por un barco, sino por Jesucristo. Él es nuestra Arca. Entramos en él. Confiamos en él. La escalera de acceso a esa barca es hecha con la cruz del Calvario. La entrada de luz es a través de una tumba vacía.

Él sella la puerta desde el exterior. Él, y solo él, nos mantiene seguros del mal que nos rodea. Cuando confiamos en las promesas de Dios, disfrutamos del inefable beneficio de su Hijo.

Que nosotros, como Noé, seamos obedientes a los mandamientos de Dios. Noé tardó décadas en construir el barco, pero obedeció. Él fue el único que creyó en la advertencia de Dios, pero obedeció. Fue ridiculizado por otros, pero obedeció. Nadie había visto nunca un arca ni una tormenta, pero Noé obedeció. El arca de salvación estaba a la disposición de cualquiera que prestara atención a la advertencia de Dios. Noé habría hecho lugar en el arca para cualquier persona que hubiera escuchado, pero nadie lo hizo. Nadie más que Noé.

La historia de Noé es nuestra historia. El mundo es corrupto. El juicio es seguro. Pero la salvación es cierta. Dios nos ha provisto una vía de escape.

Romanos 3:23 dice:

**Pues todos han pecado y están privados de la gloria de Dios, pero por _____ son justificados gratuitamente mediante la _____ que Cristo Jesús efectuó.**

Qué hermoso final para una situación aparentemente desesperada. Tenemos la salvación y la redención a nuestra disposición a través de Cristo, así como Noé fue salvado del diluvio. Simplemente necesitamos escuchar su voz y subir a bordo.

Después del diluvio, Dios puso un recordatorio en el cielo para Noé, al igual que las estrellas nocturnas que algún día serían un recordatorio para Abraham de la promesa que Dios le había hecho. (Parece que a Dios le gusta dejar sus notas en lugares que no se puedan perder).

A partir de ese día, cada vez que un arcoíris cruza el cielo, es un recordatorio para nosotros de la hermosa promesa de Dios. Así que ten esperanza en la promesa de Dios para ti. **Cuando pases por los ríos de las dificultades, no te ahogarás.**

Noé y su familia eran el pueblo de la promesa. Como resultado, se salvaron. Que lo mismo se diga de nosotros. En respuesta a la promesa de Dios, que así sea.

**Responderé al mal creciente con una fe creciente.**

## PREGUNTAS PARA LA REFLEXIÓN

1. ¿Qué tiende a impedir que te acerques a Dios? ¿Lástima? ¿Miedo? ¿Decepción?

_____

_____

_____

_____

_____

2. Lee Romanos 8:31-39. Según Pablo, ¿qué es lo que nos puede separar de Dios?

_____

_____

_____

_____

3. ¿Crees de todo corazón que has sido perdonado? ¿De qué manera la verdad del perdón de Dios te hace actuar en forma diferente?

_____

_____

_____

_____

_____

## ORA LA PROMESA

Padre, por tu promesa sé que mis pecados son perdonados

y que las tribulaciones de la vida no han de inundarme.

Concédeme el don de la fe para creer en esta promesa

cuando los ríos de dificultad pasen a la etapa de inundación en mi vida.

Ayúdame a ver el camino que quieres que transite,

un camino por tierra seca.

Gracias por tu misericordia, que es nueva cada mañana.

Amén.

## CAPÍTULO 5

## SOMOS SALVOS POR NUESTRA FE

¿Recuerdas los buenos tiempos cuando las tarjetas de crédito se colocaban en un dispositivo en el que se les pasaba por encima un papel con copia de carbón y se imprimía la información de la tarjeta para hacer las transacciones? Algunas personas, tal vez la mayoría, no recuerdan eso. Si eres una de ellas, pregúntale a alguien mayor, como yo. El dependiente agarraba tu plástico y lo colocaba en la maquinilla de impresión, y rack-rack (este era el sonido que hacía al deslizar la tarjeta sobre el papel), se registraban los números y se realizaba la compra. Aprendí a operar un dispositivo de ese tipo en una estación de gasolina, en la esquina de Broadway y la calle Cuarta, cuando tenía catorce años. Por un dólar la hora limpiaba parabrisas, servía gasolina y revisaba el aceite. Sí, Virginia, los empleados de las gasolineras hacían esas cosas en ese entonces.

Mi tarea favorita, sin embargo, era imprimir las copias al carbón de las tarjetas de crédito. No hay nada como la oleada de energía que sientes cuando pasas la impresora sobre el plástico. Siempre echaba un vistazo al cliente para verlo hacer una mueca de dolor cuando yo hacía ese proceso.

- Compras gasolina… rack-rack.

- Adquieres un vestido… rack-rack.

- Pagas la cena… rack-rack.

Si el ruido no te atraía, el estado de cuenta al fin de mes sí lo hacía. Treinta días es bastante tiempo para acumular

—rack-rack— suficientes compras y aumentar tu presupuesto. Así pasa con la vida. Pasamos toda la vida acumulando —rack-rack— una gran deuda en el cielo.

- Les gritas a tus hijos... rack-rack.

- Envidias el éxito de tu vecino... rack-rack.

- Rompes una promesa... rack-rack.

- Mientes... rack-rack.

- Pierdes el control... rack-rack.

- Haces trampa... rack-rack.

Más y más en deuda.

¿Cómo pago esta perversa cosa?

Ahí está. Esa es la pregunta. ¿Cómo trato con la deuda que tengo con Dios? ¿Negarla? ¿Hallar peores pecados en los demás? ¿Reclamar inmunidad genealógica? ¿Intentar pagarla? No sabemos el costo del pecado. Ni siquiera sabemos cuánto debemos.

Decir que es deprimente, no basta. La responsabilidad financiera es un asunto, pero ¿y si es espiritual? El pecado tiene consecuencias graves.

El cielo es un lugar perfecto para personas perfectas, lo que nos deja en un lío perfecto. De acuerdo a la factura de la deuda del cielo, debemos más de lo que podríamos pagar. Cada día trae más pecado, más deudas y más preguntas como esta de Romanos 7:24:

**¿Quién me librará de este cuerpo [vida] de _____?**

Ser conscientes de nuestra deuda moral puede devastarnos. A algunas personas las precipita a un frenesí por hacer buenas obras. La vida se convierte en un intento interminable por hacer lo suficiente, para ser mejores, para lograr más. Asistimos a la iglesia, servimos voluntariamente en cada evangelización, atendemos a los enfermos, hacemos peregrinaciones, hacemos ayunos. Sin embargo, en lo más profundo de todo eso yace un miedo que carcome: "¿Qué pasaría si, habiendo hecho todo, no basta?".

Otras personas responden a la lista, no con actividad, sino con incredulidad. Alzan las manos y se van. Ningún Dios exigiría tanto. No puede sentirse complacido. No puede estar satisfecho. Un Dios así no debe existir.

Dos extremos. El legalista y el ateo. El trabajador, desesperado por impresionar a Dios. El incrédulo, convencido de que no hay Dios. ¿Puedes identificarte con alguno de los dos? ¿Conoces el cansancio que produce el legalismo? ¿Conoces la soledad que proviene del ateísmo?

Entonces, ¿qué hacemos? Sugiero que consideremos una de las promesas más tiernas de toda la Escritura: Romanos 4:5, que dice:

**Al que … _____ … se le toma en cuenta … como justicia (Romanos 4:5).**

Dios no está buscando buenas obras ni moral perfecta. Lo que está buscando es fe. Y cuando la halla, le acredita a esa persona la justicia. Creer es suficiente.

Qué promesa tan extraordinariamente liberadora. Nada de culpa. Nada de vergüenza. Ni pecado.

¡Qué tremendo regalo sería ese! Es como ganarse el premio de lotería más grande de la historia, ¡y sin siquiera pagar el boleto! Tu deuda pagada. Tus pecados perdonados. Justo, no por tu obra, sino por tu fe en Dios. Ahora, eso es algo en lo que podrías poner tu esperanza.

## LA PROMESA DE DIOS

*Acredito tu fe como justicia.*

## MI PROMESA

*Descansaré en la seguridad de mi salvación.*

Esta promesa se le dio a la figura más conocida del Antiguo Testamento. Apareció en la Biblia como Abram. Un individuo ya adulto antes de que supiéramos algo sobre él, 75 años antes de que comenzara su narración bíblica. ¿Descendencia? ¿Poderío? No se menciona nada de eso.

Sin embargo, cuál puede ser el punto aquí.

Abram, que se convirtió en Abraham, no era un hombre recto. Ni especial. Ni inherentemente piadoso. Tendía a ser inquieto y era conocido por manipular la verdad. Estaba, a esas alturas, sin hijos. Todavía tenía que engendrar uno, pero ni pensar en una constelación de ellos. Sin embargo, llegó a ser considerado el gran patriarca de la Biblia hebrea; el antepasado espiritual de los doce millones de judíos y dos mil millones de cristianos de nuestro mundo. Su falta de pedigrí da esperanza a cualquier persona que también carezca de uno. Dios no estaba buscando una central eléctrica. Lo que buscaba era un hombre al que pudiera bendecir y, a través del cual, bendecir también a millones. Y Abraham fue esa persona.

Dios le dijo a Abraham que dejara el país de su padre y que fuera a una tierra que él le mostraría. Le dijo que lo bendeciría y que haría de él una gran nación para que toda la gente del mundo fuera bendecida a través de él. Entonces Abraham lo obedeció y se fue. (Ver Génesis 12:1-4).

Esta palabra a Abraham es notoria debido a lo que Dios le ofreció y lo que le requirió. Le ofreció todo y solo le exigió esto: fe. No pidió obligaciones tangibles por parte del receptor. A diferencia del pacto de la ley que se transmitió en el Monte Sinaí, no hubo mandamientos que Abraham necesitara seguir para recibir la bendición. Ese fue un legado extraordinariamente generoso de Dios en una sola dirección.

Todo lo que Abraham debía hacer era creerle a Dios. No era una tarea fácil. Abraham no tenía lo que Moisés y los hijos de Israel tendrían. Para el tiempo en que ambos son llamados a tener fe, Dios ya había hablado a través de la zarza ardiente y de las diez plagas. Moisés vio las ranas, las moscas y el granizo que caía como proyectiles. Así que, cuando Dios le dijo que siguiera con fe, ya tenía un historial que considerar. No fue así con Abraham. Que no tenía conocimiento de la historia sobrenatural. Él no había visto los milagros que tú y yo hemos visto. No tenía la ventaja de contar con una Biblia escrita. No conocía los relatos de la redención de Pedro, ni de la conversión de Pablo, ni de la tumba vacía de Cristo. Eran simples puntos en el lejano horizonte.

A Abraham simplemente se le dijo que creyera. No es de extrañar que llegara a ser conocido como el Padre de la fe. Al principio, eso era todo en relación con él.

Dios le prometió a Abraham que le daría Canaán. ¿En serio? Canaán ya tenía habitantes. Los moradores de aquella tierra no tenían un cartel de "Se vende" en su patio. No tenían planes de irse. ¿Y qué pasaba con su esposa? Ella no podía quedar embarazada. ¿Cómo podría convertirse en una gran nación cuando el vientre de Sara era estéril? Dos problemas: una Canaán ocupada y una cuna vacía. Sin embargo, en vez de objetar, Abraham levantó sus manos en señal de adoración.

La gente de la promesa hace esto. Responde antes de conocer los hechos. Noé recogió madera de pino y se puso a trabajar. Abraham recogió piedras y comenzó a adorar. No necesitaban saber cómo se cumpliría la promesa que Dios les hizo para adorarlo.

El hecho de que Abraham no hiciera preguntas al principio, sin embargo, no sugiere que no las hiciera en algún momento. Una sequía lo obligó a mudarse a Egipto, donde su fe fue probada. Y, francamente, reprobó el examen. Mintió, acerca de su esposa, a Faraón y cuando este se enteró de su engaño, Abraham fue desterrado a Canaán. Aunque su séquito creció, su fe luchó. Génesis 15:1-6 lo expresa de la siguiente manera:

Después de esto, la palabra del Señor vino a Abram en una visión: "No _____, Abram. Yo soy tu escudo, y muy grande será tu recompensa". Pero Abram le respondió: "Señor y Dios, ¿para qué vas a darme algo, si aún sigo sin _____, y el heredero de mis bienes será Eliezer de Damasco? Como no me has dado ningún hijo, mi herencia la recibirá uno de mis criados". "¡No! Ese hombre no ha de ser tu heredero —le contestó el Señor—. Tu heredero será _____". Luego el Señor lo llevó afuera y le dijo: "Mira hacia el cielo y cuenta las estrellas, a ver si puedes. ¡Así de numerosa será tu descendencia. Abram _____, y el Señor se lo reconoció como justicia.

Detente un momento y reflexiona en el lenguaje empleado en esa escritura. La creencia de Abram le fue reconocida [acreditada] como un acto de justicia. Acreditar algo es dar crédito por ello.

Abraham no tenía una deuda de tarjeta de crédito, sino una deuda espiritual. Él pecó. Era un buen hombre, estoy seguro, pero no lo suficientemente bueno como para estar libre de deudas.

Cada vez que maldecía a su camello... rack-rack

Cada vez que coqueteaba con una doncella... rack-rack

Cada vez que se preguntaba a qué parte del mundo lo estaba guiando Dios y si este sabía siquiera a qué parte del mundo se dirigía... rack-rack

Sin embargo, por todas las cosas malas que hizo Abram, hubo una cosa buena que decidió hacer. Creyó. Puso su fe en Dios. Y debido a que creyó, sucedió algo maravilloso e indescriptiblemente grande. Le fue acreditado como justicia.

Esto tiene enormes derivaciones. Si Abraham fue hecho justo —no por las obras, sino por la fe—, ¿qué significa eso para nosotros? En Romanos 4, el apóstol Pablo nos dice que nosotros también hemos recibido esa promesa, porque somos herederos de Abraham. Él es el padre de todos nosotros. Por tanto, la promesa de la justicia viene por la fe y es la garantía de todos los que tienen la fe de Abraham.

Eso significa que si Dios acredita nuestra fe, tal cual la de Abraham, como justicia, entonces el temor a fallar desaparece. Atrás quedó la ansiosa búsqueda del comportamiento correcto. Atrás quedaron las preguntas persistentes: "¿He hecho lo suficiente? ¿Soy lo suficientemente bueno? ¿Lograré lo suficiente?".

El Dios de Abraham no es un Dios de cargas, sino un Dios de reposo. Él sabe que estamos hechos de carne. Él sabe que no podemos alcanzar la perfección. El Dios de la Biblia es el que dice:

"**Vengan a mí todos ustedes que están cansados y agobiados, y yo _____. Carguen con mi yugo y aprendan de mí, pues yo soy apacible y humilde de corazón, y _____ para su alma. Porque mi yugo es _____ y mi carga es _____**" (Mateo 11:28-30).

¿No sientes alivio en tus hombros al escuchar eso? No tienes que llevar la pesada carga de tus pecados ni de tu vergüenza. No eres capaz de hacerlo. No estás destinado a hacerlo. Pero Jesús puede y se ofrece a hacerlo. Simplemente pon tu fe en él.

Cuando pierdes los estribos con tu hijo, Cristo interviene. "Ya pagué por eso". Cuando dices una mentira y todo el cielo gime, tu Salvador habla: "Mi muerte cubrió ese pecado". Cuando anhelas a alguien como si fuera un modelo de revista, te regocijas con el dolor de alguien, envidias el éxito de alguien o maldices el error de alguien, Jesús está frente el tribunal del cielo, señalando la cruz manchada de sangre. "Ya he hecho provisión. Ya pagué esa deuda. He quitado los pecados del mundo".

¡Qué clase de regalo! Y lo único que tienes que hacer en retribución por ese regalo es llevar una vida que sea resultado de un corazón agradecido. No somos muy propensos a ir por el camino equivocado, no porque temamos la ira, sino porque nos damos cuenta de que aquel que nos pide que no lo hagamos es el mismo que pagó el precio de nuestro pecado. Es menos probable que le gritemos a nuestro cónyuge cuando recordamos que aquel que nos amó y perdonó es el mismo que nos pidió que amáramos a los demás. Vivimos del desbordamiento de esta revelación. Vivimos con un corazón lleno de amor por aquel que pagó nuestra deuda.

Nuestra rectitud no depende de un fundamento inestable de logros humanos. No, se asienta sobre una firme base de fe en Cristo. Por lo tanto, mantente firme en esta promesa. O, mejor dicho, lleva esta promesa al banco. Considera la insuperable deuda que tienes, una deuda que nunca podrás pagar, y permite que esta promesa te sostenga: "[el] que cree … se le toma en cuenta la fe como justicia" (Romanos 4:5). Y que esta sea nuestra promesa de vuelta a él. "Descansaré en la seguridad de mi salvación".

## PREGUNTAS PARA LA REFLEXIÓN

1. ¿Qué significa creer en Dios?

_____

_____

_____

_____

_____

2. "Jesús murió por mis pecados". ¿En verdad crees esto? ¿Cómo lo muestras?

_____

_____

_____

_____

_____

3. Abraham creyó una promesa específica de Dios: que Dios le daría un hijo. ¿Qué promesa específica vas a creer hoy?

_____

_____

_____

_____

## ORA LA PROMESA

Padre, te doy gracias por enviar a Jesús a abrir

el camino de mi salvación.

Mis pecados no son rivales para tu gracia salvadora.

Soy perdonado. Mis deudas han sido pagadas.

Mi destino está seguro porque he decidido

creer en tu promesa de vida eterna

para todos los que ponen su esperanza en Jesús.

Gracias por ayudarme a descansar en la obra consumada de la cruz

y por la certeza de mi salvación.

Amén.

# CAPÍTULO 6

## TODO OBRA PARA LO MEJOR

Hace algún tiempo hice una visita especial al American Hotel en Jerusalén. Estaba en Israel y tenía una larga lista de lugares por visitar y sitios que ver. Pero lo primero de la lista era una visita al vestíbulo del American Hotel. Puse eso en mi itinerario no porque sea estadounidense. No porque la comida del restaurante sea sabrosa ni porque las instalaciones sean particularmente agradables. La comida es rica y el establecimiento es destacado, pero fui por otra razón. Quería ver las letras escritas a mano que cuelgan en la pared, enmarcadas y visibles para que todos las vean.

Horatio Spafford escribió la letra sin imaginar que se convertiría en la lírica de uno de los himnos más amados del mundo. Por otra parte, probablemente nunca imaginó que tendría que escribir un himno a la providencia de Dios. Spafford era un próspero abogado y anciano de la Iglesia Presbiteriana. En 1871, él y su esposa Anna sufrieron pérdidas trágicas en el incendio de Chicago. En noviembre de 1873, Anna y sus hijos zarparon rumbo a Europa con un grupo de amigos. Horatio se quedó en casa para ocuparse de los negocios. Él viajaría después para encontrarse con ellos. El 21 de noviembre recibió un telegrama de su esposa que decía: "Solo yo me salvé. ¿Qué debo hacer?". Pronto se enteró de que el barco había chocado con otro navío británico. La nave en la que viajaba su familia se hundió. Las cuatro hijas se ahogaron y solo sobrevivió su esposa Anna. Así que se fue a Inglaterra para traer a Anna de vuelta a casa. En el camino, mientras navegaba en la embarcación, escribió la letra de una canción que se convirtió en un perdurable himno de esperanza.

Él y Anna, al cabo del tiempo, se mudaron a Jerusalén para formar una Sociedad Cristiana diseñada para ministrar las necesidades de todas las personas. Poco a poco, el grupo se expandió y se mudó a una gran casa fuera de las murallas de la ciudad. La casa se convirtió en hostal, luego en hotel. Todavía está en pie, y aún sirve para exhibir las palabras escritas por un hombre afligido en un mar agitado por la tormenta.

*Cuando la paz acompañe mi camino como un río,*
  *Cuando las penas golpeen como las olas del mar;*
*Cualquiera que sea mi suerte, me has enseñado a decir:*
  *Mi alma está bien, está bien.*
  *Mi alma está bien.*

¿Cómo puede un hombre que lo ha perdido todo escribir esas palabras tan hermosas? ¿Cómo puedes decir con honestidad: "Mi alma está bien" en medio de la tragedia, el dolor y las tormentas de *tu* vida?

Considera lo siguiente. Dios está dirigiendo al cosmos en dirección a un objetivo deseado. No estamos congelados ni suspendidos en el tiempo. Tampoco estamos orbitando en una historia cíclica. Dios está llevando a cabo su plan con un propósito definido como el maquinista que mueve su tren por la vía férrea.

Como dice el apóstol Pablo en su Carta a los Efesios:

**En Cristo también fuimos hechos _____, pues fuimos predestinados según el _____ de aquel que hace todas las cosas conforme al designio de su _____ (Efesios 1:11-12).**

La frase "que hace" viene de la palabra griega *energeo*. Dios es la energía y la fuerza energizante que está detrás de todo. Ningún momento, acontecimiento ni ningún detalle puede evadir su supervisión. Él está ante el universo como un director sinfónico ante la orquesta, convocando a los participantes para que desempeñen su papel en la repetición divina.

[Dios es el] que hace que salga el sol sobre _____, y que llueva sobre _____ (Mateo 5:45). Dios es quien cuenta los gorriones y da de comer a las aves (Mateo 6,26; 10,29). Dios es el que controla todo, incluso cada uno de los detalles de tu vida.

Por tanto, si Dios tiene el control, ¿por qué se nos presentan esas tormentas? ¿Cómo hallamos esperanza en medio de las tragedias? ¿Cómo encontrar la paz cuando estamos plagados de preguntas que no pueden ser respondidas?

En tiempos como estos, podemos anclar nuestra alma a la palabra que se encuentra en la promesa del Antiguo Testamento. Isaías 54:17: "Me encargaré de que todo salga bien" (BEM).

---

### LA PROMESA DE DIOS

*Todas las cosas obrarán para bien.*

---

### MI PROMESA

*Confiaré en Dios en los tiempos difíciles.*

José fue un hombre que atravesó muchas más dificultades de las que debía. La historia de su vida fue una montaña rusa de altibajos constantes. Tal vez recuerdes esta historia del Antiguo Testamento. José era el preferido de su padre y recibió como regalo una brillante túnica de muchos colores.

Un manto hermoso, una prenda honrosa y distinguida. A sus hermanos no les gustaban sus sueños, su arrogancia ni el obvio favoritismo de su padre, por lo que decidieron arrojarlo a un pozo y más tarde venderlo.

José terminó en una subasta egipcia y fue sorteado como si fuera un animal de granja. El bisnieto de Abraham fue subastado al mejor postor.

Aun así, aterrizó de pie. Se abrió camino hasta la cima de la casa de Potifar. Pero entonces la dueña de la casa intentó seducirlo. Como él se negó a sus propuestas, ella lo acusó de hostigarla. Su esposo le creyó a ella antes que a José y lo llevó a la cárcel. José terminó en la prisión por un crimen que no cometió.

Aun así, volvió a aterrizar de pie. Se convirtió en un preso modelo. Arreglaba su cama, hizo amigos y le causó una buena impresión al jefe de la cárcel, que lo reconoció como el recluso del mes y lo ascendió a presidiario encargado. Ahí se hizo amigo de dos hombres de la corte del Faraón, un copero y un panadero. José le pidió al copero que hablara bien de él cuando lo soltaran. El copero estuvo de acuerdo. El corazón de José se aceleró, sus esperanzas eran altas. Mantenía la vista puesta en la puerta principal, esperando ser liberado en cualquier momento.

Pero Génesis 40:23 dice:

Sin embargo, el jefe de los coperos no _____ de José; sino que se _____ (Génesis 40:23).

José languideció en prisión durante dos años sin palabras, sin esperanza y sin solución.

¡Dos años! Mucho tiempo para rendirse. Mucho tiempo para ceder a la desesperación. Mucho tiempo para preguntarse: *¿Es así como Dios trata a sus hijos? ¿Es esta la recompensa de Dios por el buen comportamiento? ¿Haces lo mejor que puedes y esto es lo que obtienes? Una celda en la cárcel y una cama dura.*

Si José se planteó tales preguntas, no lo sabemos. Pero si tú te las haces, no eres el único. La tierra de la aflicción da lugar a algunas plantas espinosas. "¿Sabe Dios por lo que estoy pasando? Y si lo sabe, ¿le importa?".

¿Te lo has preguntado? No te han metido en la cárcel, pero sí en un hospital, te declaraste en bancarrota, quedaste sin empleo, perdiste a tu cónyuge o, insisto, tal vez te metieron en la cárcel. Y te preguntas: "Yo creo en Dios. ¿Está él consciente de eso? ¿Le intereso?".

En los libros de texto de teología, estas preguntas se discuten bajo una temática titulada la *providencia divina*.

¿Cuál es la relación continua de Dios con su creación?

Acaso ¿la preserva? ¿La administra? ¿La mantiene? ¿Participa activamente en su creación y se relaciona con ella cada día?

El deísmo dice "no". Dios creó el universo y lo abandonó.

El panteísmo declara "no". La creación no tiene historia ni propósito en sí misma; es solo una parte de Dios.

El ateísmo afirma "no". Esto no es sorprendente, la filosofía que descarta la existencia de un dios, a su vez, desecha la posibilidad de un plan divino.

La Providencia, por otro lado, dice: "Sí, hay un Dios. Sí, este Dios está personal y poderosamente involucrado en su creación".

En Hebreos 1:3, leemos:

**El Hijo es el resplandor de _____, la fiel imagen de _____, y el que sostiene todas las cosas con su palabra poderosa. Después de llevar a cabo la purificación**

de _____, se sentó a la derecha de la Majestad en las alturas (Hebreos 1:3).

El verbo "sostener", en el contexto en que se escribió, significa llevar o traer. Es decir que Jesús lleva o dirige todas las cosas hacia un fin deseado. Él lleva todo eso. Ejerce supremacía sobre todas las cosas. Dios es el que tiene control soberano de todo, incluso de los detalles más íntimos de nuestras vidas.

Por tanto, si Dios tiene el control, ¿por qué estaba José en prisión? ¿Por qué permite que se presenten desafíos en tu camino? ¿Acaso un Dios todopoderoso no puede impedir eso? No si son para un propósito superior que él tiene. Fue a través del sufrimiento que José llegó a ser el instrumento de Dios para rescatar al pueblo hebreo.

¿Recuerdas el resto de la historia? Cuando Faraón andaba preocupado por sus sueños, el copero que conoció a José en la prisión al fin recordó lo que le prometió a este. Entonces le mencionó a José al Faraón y, tan rápido como se puede decir providencia, José pasó de la prisión al palacio. Allí interpretó el sueño, que era el pronóstico de una hambruna.

A Faraón lo asombró tanto José, que lo llevó directamente a la parte superior de la jerarquía egipcia, ascendiéndolo a Primer Ministro. José controló con éxito la crisis de la hambruna y salvó no solo a los egipcios, sino también a su propia familia de Jacob. Años más tarde José les diría a sus hermanos:

"Es verdad que ustedes pensaron hacerme mal, *pero Dios* transformó _____ para lograr lo que hoy estamos viendo: _____ de mucha gente" (Génesis 50:20).

Dos palabras en el corazón de este versículo revelan la promesa de la providencia: "PERO DIOS".

"Es verdad que ustedes pensaron hacerme mal, PERO DIOS …" El mal que se pretendía hacer se convirtió en bien, ¿por qué? Porque José mantuvo a Dios en el centro de su vida.

¿Puedo instarte a que hagas lo mismo? Lamento el dolor que la vida te ha propinado. Siento que tus padres te hayan descuidado. Lamento que el hombre haya abusado de ti. Me duele que alguien haya dicho "Sí, acepto" el día de tu boda, pero luego dijo "No, acepto" todos los días posteriores. Lamento que terminaras en Egipto. Pero si la historia de José nos enseña algo, es esto: tenemos una opción. Podemos usar nuestro dolor o emplear nuestra esperanza. Podemos cubrirnos con nuestra desgracia o vestirnos con la providencia de Dios.

Enfoca tu testimonio en un "pero Dios". La empresa está reduciendo personal, pero Dios sigue siendo soberano. El cáncer ha vuelto, pero Dios sigue ocupando el trono. Las finanzas están ajustadas, pero Dios es mi proveedor. Mis padres no me querían, pero Dios nunca me dejará. Fui un idiota durante los primeros años de mi matrimonio, pero Dios me está mostrando cómo liderar una familia. Yo era un alma ansiosa y atribulada, pero Dios me ha estado dando valor.

Los hermanos de José tenían toda la intención de hacerle daño. Pero Dios, en su providencia, usó su intención malévola para el bien supremo. Él nunca les robó a los hermanos su libre albedrío. Nunca les impuso su naturaleza. Pero tampoco permitió que su pecado y su naturaleza pecaminosa gobernaran. Él desvió el mal hacia el bien. Dios usa todas las cosas para llevar a cabo su propósito. Él no será disuadido de su plan para sostener y llevar la creación a la gloria prevista.

La última prueba de la providencia es la muerte de Cristo en la cruz. Todos pensaban que la vida de Jesús había terminado… PERO DIOS. Su Hijo estaba muerto y sepultado, pero Dios lo resucitó de entre los muertos. Dios tomó la crucifixión del viernes y la convirtió en la celebración del domingo. Dios te puede llevar a ti también, de un viernes al domingo. Del hoyo al palacio. De roto a hermoso. De destrozado a redimido.

¿No puede él hacer un cambio por ti? ¿No puede usar tus puntos oscuros como parte de su propósito? Claro que puede. Y lo hará. Confía en la promesa de Dios:

**"Me encargaré de que todo salga bien"** (Isaías 54:17 BEM).

*Todo* significa solo eso. Todo. Sí, incluso esa situación difícil que te viene a la mente ahora mismo. Él puede tomar lo que has experimentado y, en su amor y su poder, convertirlo en algo hermoso.

Oro que sea cual sea la temporada por la que estés pasando, halles lo que encontró José: una esperanza inquebrantable en esta seguridad inquebrantable.

Juntos, hagamos de esta nuestra propia promesa:

**"Confiaré en Dios en los tiempos difíciles".**

Y ten por seguro que... aquello que tenía la intención de hacerte daño, Dios lo usará para bien.

## PREGUNTAS PARA LA REFLEXIÓN

1. ¿Cuándo crees que José comenzó a ver que Dios tenía el control de su vida, antes o después de que todo se arreglara?

_____

_____

_____

_____

_____

2. ¿Crees que Dios puede resolver todo para bien? Si lo hace, ¿cómo cambia eso la forma en que abordas las situaciones difíciles?

_____

_____

_____

_____

_____

3. Nombra el mayor problema que estás enfrentando en este momento. Luego completa esta oración: "Pero Dios..."

_____

_____

_____

_____

_____

## ORA LA PROMESA

Dios, así como estuviste con José,

Sé que estás conmigo.

Del hoyo a la prisión al palacio,

dispusiste todas las cosas para el bien de José.

Señor, en medio de mis propias pruebas y luchas,

recuérdame que tu ojo nunca me abandona.

Pongo mi confianza en tu promesa:

Tú arreglarás todo para mi bien.

Amén.

# CAPÍTULO 7

## LA PROMESA DE LA PALABRA ESCRITA

¿Alguna vez has hecho una lista de deseos? ¿Una lista de cosas que quieres lograr en tu vida? Algo como, por ejemplo, visitar el Gran Cañón... practicar parapente desde una montaña... comerte un pastel de chocolate entero. Todos tenemos deseos en nuestra mente. Unos son ambiciosos y otros modestos.

En estos días estoy practicando uno de los que tengo en mi lista. Estoy tomando clases de vuelo. Tengo un largo camino por recorrer para aprender a ser piloto, pero estoy prestando atención. Después de todo, la motivación es muy alta. Aunque el instructor no me ha dejado volar el avión, me ha encargado de inspeccionarlo para el chequeo previo al vuelo. Ahora, esto puede no parecer un trabajo muy importante. Pero si el avión no se inspecciona correctamente, muchas cosas podrían salir mal. Y no sé tú, ¡pero preferiría saber que mi avión está en óptimas condiciones cuando estoy a más de tres mil metros de altura!

Así que, antes de cada vuelo, el piloto —o, en este caso, yo— camina alrededor del avión en busca de grietas, problemas, tuercas sueltas o alas desacopladas. Son muchos los detalles que se deben recordar. Por esa razón, me alegró saber que el fabricante del avión proporciona una lista. Si no fuera por esa lista, yo no sabría qué revisar. Algunas cosas son lógicas, como las luces de los aviones y el aceite del motor. Pero, ¿los magnetos? ¿los sistemas electrónicos aéreos? ¿La válvula selectora de combustible? Necesitaba que me lo dijeran y necesito que me lo recuerden. En resumen, requiero instrucciones.

No cuestiono la orientación. Ni miro la lista y me encojo de hombros diciendo: "No saben de lo que están hablando". Ni digo: "Creo que, por ahora, podemos prescindir de una válvula selectora de combustible". Estoy convencido de que el fabricante del avión sabe más que yo, por lo que confío en el manual.

Aunque es posible que no siempre nos tomemos el tiempo para leer esos manuales, se nos brindan para que podamos comprender mejor lo que estamos haciendo. Ellos nos proporcionan respuestas a una serie de preguntas, si estamos dispuestos a utilizarlas.

¿Qué significa la luz misteriosa que acaba de encenderse en mi auto? El manual me permite saber si solo necesito revisar el aceite o dejar de manejar para llevarlo al taller. ¿Por qué me sobra un trozo de madera del banco que estoy construyendo? El manual me permite saber si se trata de una pieza de repuesto adicional... o de la misma pieza que la mantiene en pie. Cuando tenemos una pregunta, confiamos en que el fabricante tiene la respuesta en el manual.

Oh, que bueno si dijéramos lo mismo acerca de nuestro Hacedor y su manual: la Biblia. Dios nos ha dado instrucciones en ese libro, que contrasta con una simple lista de detalles en una cabina de un avión. Él escribió su Palabra para que la leamos y la obedezcamos.

La palabra escrita cambió la forma en que Dios se relacionaba con su pueblo. Muchos de nosotros no tenemos acceso a las conversaciones divinas. Aunque él todavía habla a través de labios humanos, no todos podemos tener un predicador en nuestro hogar (a excepción de mi esposa). Pero podemos tener una Biblia. Podemos leer los decretos de Dios a través de la palabra escrita.

¿Podemos creer esto? ¿Podemos creer verdaderamente que la Biblia es la Palabra de Dios? Muchos no lo creen. Muchos otros dicen que la Biblia no es más que supersticiones e historias. Otros de nosotros, sin embargo, hemos llegado a aceptarla como la franca verdad de Dios, y creemos que Dios desea dirigirnos —y, de hecho, lo hará— por medio de ella.

2 Timoteo 3:16 dice:

**Toda la _____ es inspirada por Dios.**

¿Qué razones tenemos para creer verdaderamente esto? La primera es que, el propio Jesús lo creyó. Leemos en el libro de Mateo que cuando el diablo vino a tentarlo, Jesús citó las Escrituras. Por eso dijo: "Escrito está..." No dijo: "Está dicho" o "He oído..." Lo que dijo fue: "Escrito está". Jesús lo había visto por sí mismo registrado en las Escrituras y habló la Palabra de Dios para combatir la tentación de Satanás.

Luego, cuando resucitó de entre los muertos, Jesús enseñó las Escrituras. Cuando comenzó a caminar con dos de los discípulos después de su resurrección, al principio ellos no se dieron cuenta de que era Jesús. Estaban angustiados por su muerte, por lo que Jesús empezó a explicarles, a través de las Escrituras, todo lo que había sucedido.

En Lucas 24:25-27, Jesús afirmó lo siguiente:

**¡Qué torpes son ustedes y qué tardos _____ todo lo que han dicho los profetas! ¿No tenía el Mesías que sufrir estas cosas y luego entrar en su gloria? ¿Acaso no tenía que sufrir el Cristo estas cosas antes de entrar en su gloria? Entonces, comenzando por Moisés y por todos los profetas, les explicó lo que se refería a él en todas las _____.**

Si Jesús consideró que las Escrituras eran confiables para luchar contra Satanás y explicar el plan de Dios, si puso en ellas su propio sello de aprobación, ¿qué más se necesita?

La segunda razón es que las profecías cumplidas lo confirman. La Biblia predice muchas cosas por venir. Estas se llaman profecías. Dios nos reta a aplicar la prueba de la profecía a las Escrituras para probar si son legítimas. Deuteronomio 18:21 dice que puedes probar si una profecía es una palabra verdadera de Dios si se cumple o no. Es tan simple como eso. Si no llega a suceder, no fue de Dios, porque todo lo que él dice sucederá. Si no es así, el profeta habló con presunción.

La Biblia pasa esa prueba. De las más de dos mil profecías que contiene el Sagrado Libro, más de trescientas se relacionan directamente con la vida de Jesús: su lugar de nacimiento, su manera de morir, su sepultura en la tumba de un hombre rico. Estas y cientos de otras profecías se cumplieron siglos después de haber sido registradas.

El conocido matemático David Williams, que estudió la probabilidad de certeza de las profecías, escribió una vez: "La profecía es una señal de que las Escrituras son de origen divino, lo que demuestra la fiabilidad de su mensaje. Esto se debe a que la probabilidad de que las profecías se cumplan es muy baja, lo que sugiere que solo Dios, que conoce el futuro, podría haber revelado esta información a través de las Escrituras".

Las probabilidades de que trescientas profecías se cumplan en una sola persona son asombrosas. Realmente es algo imposible. Sin embargo, los registros muestran que eso ocurrió con Jesús.

Tercero, las vidas cambiadas lo confirman. Ningún libro ha impactado a tantas personas como la Biblia. Desde Agustín, que era un bribón, hasta John Newton, que fue traficante de esclavos, pasando por Abraham Lincoln, que era un simple granjero, hasta Max Lucado, que era un pródigo ingrato hasta que leyó sobre el amor de Dios por los hijos que se han descarriado de casa y aterrizan en un corral de cerdos. La Biblia cambia vidas.

En última instancia, sin embargo, debes tomar tu propia decisión. Ver por ti mismo. Aplica los principios de mayordomía a tu presupuesto y ve si no saldas tu deuda. Aplica los principios de la fidelidad a tu matrimonio y ve si no tienes un hogar más feliz. Aplica los principios del perdón a tus relaciones y ve si no eres más pacífico. Aplica los principios de la honestidad en la escuela y verás si lo logras o no. Aplica la Biblia y ve si concuerda o no: la Biblia da resultados.

Cuando nuestras preguntas superan en número a nuestras respuestas, y nuestra brújula parece estar girando, hay una promesa firme en la que podemos apoyarnos:

Yo te _____, yo te _____ el _____ que debes seguir" (Salmos 32:8).

---

### LA PROMESA DE DIOS

*Guiaré tus pasos por mi Palabra.*

---

### MI PROMESA

*Leeré la Palabra de Dios y le prestaré atención.*

El primer día que llegue al cielo, hay algunas cosas en mi lista que me gustaría hacer:

- Adorar a Jesús.

- Abrazar a papá, a mamá, a mi hermano y a mis hermanas.

- Agradecer a todas las personas que oraron por mí cuando fui pródigo.

- Hacerle algunas preguntas difíciles al apóstol Pablo.

- Sostener una larga conversación con Moisés.

Comenzaría mi charla con Moisés con esta pregunta:

—¿Cuál fue el momento más dramático de tu vida terrenal?

Me imagino que me dará una mirada como diciendo: "Tienes que estar bromeando" y me preguntará:

—¿Solo uno?

—Sí, solo uno —le respondería yo.

—¿No te gustaría que te diga los tres primeros? —me preguntaría él.

—No —insistiría yo, como si pudiera reclamar cualquier cosa al hombre cuya firma bíblica dice: *Amigo de Dios*.

Me figuro que suspirará, sonreirá y me pedirá que me siente con él en la Cafetería Puertas del Cielo. Me imagino una multitud reunida para ver al hombre de cabello espeso que todavía lleva el mismo bastón que una vez se convirtió en una serpiente y luego se convirtió en bastón nuevamente. Se acariciará la barba y repetirá mi pregunta para que los espectadores puedan unirse a nuestra conversación.

—¿El momento más dramático de mi vida terrenal?

—Sí —afirmaré.

—Hmm —continuará—. Son muchos momentos entre los cuales elegir. La zarza ardiente que nunca se quemó. Las diez plagas, de las cuales mi favorita fue la de las ranas saltarinas. Faraón las vio y casi que croa con ellas.

(Tengo la sensación de que Moisés era bastante divertido).

Probablemente continuará su relato así:

—El día que se abrió el Mar Rojo y que luego se cerró. El primer festín de pan maná y hamburguesas de codorniz. Aunque me cansé de esa dieta después de la comida 6402.

—Sí —alegaría yo—, todos ellos momentos fascinantes. Tu día más aburrido fue mucho mejor que el mejor día mío. Pero de todos ellos, ¿cuál fue el más dramático?

En ese momento él me mirará y, por entre esa barba canosa, salpimentada, me sonreirá con ironía. Se levantará de su silla, sujetará el bastón con una mano y levantará un dedo en el aire con la otra. Y, como si escribiera en una tablilla invisible, dirá:

—El dedo en la piedra. Eso es todo. El momento en que el dedo de Dios talló las palabras en la piedra.

Tremendo. Qué clase de momento sería ese. Tendremos que esperar para ver la respuesta real de Moisés. Pero se puede hacer un muy buen caso para el momento del Sinaí. Hasta ese evento, Dios no le había hablado a su creación de esa manera. Esa fue la primera vez que Dios dio sus instrucciones por escrito.

Éxodo 32:15-16 dice:

**Moisés volvió entonces del monte. Cuando bajó, traía en sus manos las _____ de la ley, las cuales estaban _____ por sus dos lados. Tanto las tablas como la escritura grabada en ellas eran _____ de Dios.**

Me imagino un dedo como un rayo cincelando palabra por palabra en la piedra. ¿Te imaginas ver la mano de Dios escribiéndote un mensaje? Si Moisés pudo moverse, fue solo para tragar o para orar; porque imagino que quedaría atónito. Al terminar, las tablas de piedra les fueron entregadas a Moisés para que, a su vez, las diera al pueblo. Al hacerlo, Dios nos dio esta promesa. ¡Que él nos guiará siempre! El Salmo 32:8 dice:

*"Yo te instruiré, yo te mostraré el camino que debes seguir".*

Esas tablas que contenían las palabras de Dios se convirtieron en instrucciones para los hijos de Israel. Dios les estaba dando respuestas a una serie de preguntas... sobre el matrimonio, el respeto comunitario, la ley y el orden, la adoración y el trabajo. Era la primera guía escrita que habían recibido. Pero no sería la última. Dios estaba armando un manual para nosotros. Un manual para la vida, lleno de promesas.

Se escribirían muchos más registros. Muchas más profecías hechas. Muchos de ellos escribieron sobre Jesús, el que aclararía aún más esa narrativa en curso y traería claridad a este "Manual de Vida" en desarrollo. Y fue escrito para nosotros, para ti y para mí.

¡Qué cosa más tranquilizadora! ¡Qué esperanza nos da eso! Que Dios mismo nos instruya, nos enseñe como el buen padre que forma a su hijo, o el maestro que enseña al alumno. Guiándonos por el camino de la vida, ofreciéndonos sabiduría para el resto de la vida. Precaución y ánimo. Corrección y alabanza. Qué pensamiento tan asombroso, que no estamos solos a través de los locos giros y vueltas de la vida.

Por eso no me sorprendería si la respuesta que me da Moisés es "el dedo en la piedra". Eso cambió todo. Nos dio una brújula para vivir. Jesús nos interpela con estas palabras:

"Si se mantienen fieles a _____,
serán realmente mis discípulos; y conocerán la verdad, y la
verdad los hará libres" (Juan 8:31-32).

La libertad viene cuando conocemos la verdad a través de la
Palabra de Dios. ¿Y no es la libertad algo hermoso?

La palabra "libertad" en sí misma alivia tus hombros, levanta
tu cabeza y pone una sonrisa en tu rostro. Puede que no sea capaz
de discutir todas las preguntas teológicas y científicas que alguien
me lance. Puede haber otros que puedan hacer eso. Pero puedo
decirles cómo cambió eso mi vida. Puedo dar testimonio fiel y
decir que una vez estuve perdido pero fui hallado. Una vez viví
con miedo, pero ahora tengo paz. Una vez tuve un pasado sombrío, pero ahora poseo un futuro brillante. Te puedo decir que no
cambiaría esta libertad por nada. Porque cuando has saboreado la
libertad, como el prisionero que ha visto la luz del sol por primera
vez en mucho tiempo, simplemente no hay vuelta atrás. Mi vida
cambió cuando conocí a Jesús, cuando me presentaron la Palabra
viva de Dios. Las palabras que hay en esas páginas han sido una
brújula confiable en mi vida. Palabras que siempre me guían por
el camino de la libertad.

Esas palabras también pueden ser tu brújula. La promesa de
Dios está a la disposición de todos los que reciban su oferta:

"Yo te instruiré, yo te mostraré el camino que debes
seguir" (Salmos 32:8).

Juntos, hagamos de esta nuestra propia promesa en
respuesta.

**Leeré y prestaré atención a la Palabra de Dios.**

Entonces deja que la esperanza llene tu corazón mientras confías en que él ha de guiarte.

## PREGUNTAS PARA LA REFLEXIÓN

1. ¿Con qué frecuencia lees tu Biblia? ¿Cómo le da forma a tu día la lectura de la Palabra de Dios?

_____

_____

_____

_____

2. ¿A quién recurres cuando tienes preguntas sobre las Escrituras? ¿Mantienes conversaciones usuales con otras personas que estudian la Biblia, para beneficiarte de sus preguntas y puntos de vista?

_____

_____

_____

_____

_____

3. ¿Cuál es tu pasaje bíblico favorito? ¿Por qué significa tanto para ti?

_____

_____

_____

_____

_____

## ORA LA PROMESA

Padre, a través de tu palabra hablada

todas las estrellas, los planetas y las lunas llegaron a existir.

A través de tu palabra escrita, las Escrituras, nos enseñaste cómo vivir.

Y por Jesús nos revelaste al Verbo hecho carne,

el cumplimiento de toda promesa.

Tu Palabra es viva y eficaz y más cortante que una espada de dos filos.

Lámpara es a mis pies tu Palabra y lumbrera a mi camino.

Ayúdame a comprender y aplicar tu palabra a mi vida diaria.

Amén.

# CAPÍTULO 8

## SOY HEREDERO DE CRISTO

El cuerpo de Timothy Henry Gray, de sesenta años de edad, fue encontrado debajo de un paso elevado en Evanston, Wyoming dos días después de la Navidad de 2012. No había señales de nada violento. Ni indicios de crimen o fechoría. Gray fue víctima de los malos momentos y de la mala suerte, un menesteroso errabundo que había muerto de hipotermia.

Hay, sin embargo, un detalle muy curioso en esa historia. Timothy tenía la posibilidad de heredar treinta millones de dólares. El bisabuelo de Gray era un rico minero de cobre, constructor de ferrocarriles y fundador de una pequeña ciudad de Nevada de la que quizás hayas oído hablar: Las Vegas. La fortuna de su bisabuelo pasó a manos de la hija de este, llamada Huguette. Esta murió en 2011 a la edad de 104 años.

Huguette dejó su fortuna de 300.000.000 de dólares a los miembros de su familia extendida. En el momento de la muerte de Gray, la ejecución del testamento estaba pendiente en los tribunales. Como resultaron las cosas, el hombre que hallaron muerto debajo del paso elevado del ferrocarril no era pobre después de todo. Puede que el tipo valiera millones.

¿Cómo muere en tales condiciones de pobreza el heredero de una fortuna? Seguramente Timothy Gray conocía la historia de su familia.

¿Acaso estaba en contacto con su tía abuela? ¿Se le ocurrió alguna vez investigar el asunto? Tú lo harías. Yo también. Bueno, podríamos acampar en la puerta de nuestro querido pariente lejano. Revolveríamos cada piedra y leeríamos cada documento. Nuestro objetivo sería acceder a nuestra herencia, ¿no es así?

Pero ¿qué tenemos que ver nosotros con algo así?

Hablemos de tu herencia. Para que recibas algo como eso, tienes que aceptarlo. Es lógico. Pero demasiadas personas no están recibiendo lo que se les ha dado. Tal vez te hayan dado una herencia en el pasado. Es un regalo muy precioso saber que alguien que vivió antes que tú quisiera dejarte algo. Sea que se tratara de un gran regalo o, simplemente, un pequeño recuerdo de tu relación, la respuesta natural es recibir y apreciar ese obsequio.

O tal vez se suponía que ibas a recibir una herencia pero, por alguna razón, te la robaron. Nunca recibiste la herencia que debía ser tuya. ¿O es posible que no tengas una herencia familiar esperándote, en absoluto, porque no tienes a nadie alrededor que piense siquiera en dejarte una?

No tienes apellido.

Ni herencia familiar.

No heredarás nada de nadie.

Bueno, permíteme que sea portador de buenas noticias: a ti se te ha dado una herencia extraordinaria.

Cualquiera sea el estado de tu herencia natural, si eres de Cristo, eres parte de la familia de Dios. Si perteneces a la familia de Dios, eres heredero de la fortuna de Dios. Tienes un apellido y, por tanto, tienes una herencia familiar.

El apóstol Pablo dijo en Efesios 1:13-14:

**En él también ustedes, cuando _____,
el evangelio que les trajo la salvación, y lo _____, fueron
marcados con el sello que es el _____ prometido.
Este garantiza nuestra herencia hasta que llegue la redención
final del pueblo adquirido por Dios, para alabanza de su gloria.**

Así que no eres un esclavo de Dios, aunque esa posición —incluso— tendría maravillosos beneficios. No eres simplemente un siervo de Dios, aunque el papel sería suficiente. No eres simplemente un santo de Dios, aunque el título mismo implica una gracia asombrosa. No, eres *hijo* e *hija* de Dios. Duermes en su casa, comes en su mesa y llevas su nombre. Tienes derecho legal al negocio familiar y a la fortuna de Dios. Si perteneces a Cristo, entonces —según la Biblia— eres descendencia de Abraham y heredero según la promesa. Ya no eres esclavo, sino hijo de Dios. Y como eres su hijo, Dios también te ha hecho heredero.

**Mira lo que dice Gálatas 3:29 y 4:7. ¿Qué promesas hay en estos versículos?**

3:29 _____.

4:7 _____.

¿No es esa una gran noticia? Has sido adoptado en la familia. A causa del amor de Dios por ti, cuando Jesús murió en la cruz, se ejecutó el testamento y tú fuiste hecho beneficiario. Tienes un asiento en la mesa de la herencia. Por tanto, ¿qué es esa herencia? En otro pasaje, Pablo revela el valor de ella.

En Romanos 8:16-17 escribe:

**El Espíritu mismo le asegura a nuestro espíritu que somos _____. Y, si somos hijos, somos herederos; herederos de Dios y _____, pues, si ahora _____ también tendremos parte con él en su gloria.**

De modo que tú compartes su herencia. Todo lo que él tiene, lo tienes tú. ¿Cuál es la fortuna de Dios? Si se leyera su testamento, ¿qué palabras leería el abogado?

- "Vida sin fin", para empezar.

- "Alegría ilimitada", sería otro beneficio de la lista.

- "Paz perfecta".
- "Sabiduría inescrutable".
- "Satisfacción".
- "Amor".

Cada virtud que vemos en Jesús, la vemos en nuestra herencia. Su nivel de amor es el mismo nivel de amor tuyo. Su gran gozo es tu gran gozo. ¿Necesitas un poco de paz? Jesús y tú comparten la misma paz.

¿Poca paciencia? Consulta tu herencia. Jesús y tú tienen la misma cantidad.

Ahora, si al leer tu herencia piensas algo como: *"Eso no tiene nada que ver conmigo"*, entonces quizás Timothy Gray no sea el único que se ha perdido una herencia.

---

### LA PROMESA DE DIOS

*Eres heredero de Dios y coheredero con Cristo.*

---

### MI PROMESA

*Viviré de mi herencia, no de mi circunstancia.*

Dios hizo algunos milagros asombrosos con el fin de liberar a los hijos de Israel de la esclavitud. Luego los llevó por el desierto y, estando cerca de la tierra prometida, les dijo lo siguiente:

"Quiero que envíes a algunos de tus hombres a explorar la tierra que estoy por _____ a los israelitas. De cada tribu enviarás a un líder que la represente" (Números 13:1-2).

Dios no les dijo a los israelitas que conquistaran, tomaran, invadieran, sometieran ni aseguraran la tierra. Se las estaba entregando. Todo lo que tenían que hacer era confiar en su promesa y recibir el regalo. Pero no, ellos no hicieron eso. Fue una mala decisión que tuvo por consecuencia una pena de libertad condicional durante cuarenta años. Dios dejó que vagaran por el desierto toda una generación hasta que surgió una nueva generación de seguidores. Josué fue el líder de esta. A la muerte de Moisés, Dios volvió a emitir la oferta de la tierra prometida.

**El Señor le dijo a Josué hijo de Nun, asistente de Moisés: "Mi siervo Moisés ha muerto. Por eso tú y todo este pueblo deberán prepararse para _____ el río Jordán y entrar a la tierra que les _____ a ustedes, los israelitas. Tal como le prometí a Moisés, yo _____ que toquen sus pies" (Josué 1:1-3).**

Casi siempre pensamos en Josué como el guerrero poderoso que "toma la tierra". Es más preciso pensar en Josué en términos de que "creyó en la Palabra de Dios". Sin duda, que conquistó la tierra. Pero lo hizo porque confió en la promesa de Dios. El gran logro del pueblo hebreo fue este: confiaron en su herencia.

¿Quiere decir eso que no tuvieron desafíos? El Libro de Josué discrepa de eso. Claro que tuvieron adversidades y adversarios, los tuvieron en todos los frentes. El río Jordán era ancho. Los muros de Jericó eran altos. Los malvados habitantes de Canaán no se rendían sin luchar. Con todo y eso, Josué cruzó el Jordán, derribó los muros de Jericó y derrotó a los treinta reyes enemigos. Él creyó que Dios le había dado la tierra. Cada vez que enfrentó un desafío, lo hizo con fe, porque confió en su herencia.

Incluso cuando Dios les dijo que caminaran alrededor del muro de una ciudad fortificada por siete días (sin atacar el muro, sin escalarlo, solo caminando *alrededor* del muro), Josué confiaba en las promesas de Dios. Sabía que él cumpliría su palabra y que su herencia no había cambiado solo porque surgió un muro en su camino. No dejaron que nada de eso los detuviera. Mantuvieron sus ojos en la promesa de su herencia.

*¿Y si tú y yo hiciéramos lo mismo?*

Si somos coherederos con Cristo, ¿por qué luchamos por la vida? Nuestra herencia es la paz perfecta, pero nos ocurre lo contrario; nos sentimos como un desastre perfecto. A pesar de tener la capacidad de experimentar la misma alegría que Jesús, continuamos avanzando por la vida como burros cansados y gruñones. Dios promete suplir todas las necesidades, pero aun así dejamos que los gigantescos muros de la preocupación y la inquietud nos hagan correr y acobardarnos derrotados. ¿Por qué? Puedo pensar en un algunas razones.

Primero, no sabemos nada acerca de nuestra herencia. Nadie nos habló jamás de la "incomparable grandeza de su poder a favor de los que creemos", que se indica en Efesios 1:19. Nadie nos dijo nunca que luchamos con la victoria, no por la victoria. Nadie nos dijo que la tierra ya está conquistada. Algunos cristianos no viven de su herencia porque no saben que la tienen.

Pero ya lo sabes. Ahora sabes que fuiste creado para algo más que el desierto. Dios te salvó de Egipto, para poder bendecirte en la tierra prometida. Moisés tuvo que recordarle al pueblo que:

**"[Dios] nos sacó de allá para _____ [a Canaán] que a nuestros antepasados había jurado que nos daría"** (Deuteronomio 6:23).

También hay una razón para nuestra redención. Dios nos sacó para poder guiarnos. Nos liberó para poder resucitarnos.

Josué recibió un regalo: la tierra que fluye leche y miel. No se la ganó ni la merecía, pero fue instruido a habitarla y morar en ella. A ti también se te ha dado un regalo: una relación con el Dios vivo. No te la ganaste, ni la mereces... pero Dios te ha convocado a abrazar ese vínculo para que lo desarrolles. La decisión de Josué es tu decisión. ¿Heredaré la tierra? ¿Desarrollaré el don? *¿Explotaré, con la ayuda divina, el territorio de Dios?*

La tierra es tuya. Tómala. Los dones de Dios solo son nuestros cuando los aceptamos. La salvación no es un tesoro para el que no la recibe. Y la tierra prometida no significaba nada para Josué, si no entraba en ella. No tenía que hacerlo. Permanecer en el desierto era una opción. Los hijos de Israel se alejaron de ese territorio cuarenta años antes, podrían volver a hacerlo. Pero, en cambio, optaron por seguir adelante.

A Timothy Gray, el famoso hombre que perdió su herencia de 300.000.000 de dólares, le habríamos dicho: "Oiga, señor Gray, usted es descendiente de una familia con una gran riqueza, es heredero de una fortuna. Salga de debajo de este puente y reclame su legado".

A nosotros, los ángeles nos quieren decir: "¡Oye, Lucado! Sí, tú, el de la actitud terrible. Eres heredero del gozo de Cristo. ¿Por qué no pedirle ayuda a él?".

Y usted, señor Apesadumbrado. ¿No es heredero de la fortuna de la fe de Dios? Pida ayuda, ¿por qué no?".

"Señora Preocupada: ¿por qué deja que sus miedos le roben el sueño? Jesús tiene paz abundante. ¿Acaso no es usted beneficiaria del fondo fiduciario de Dios?".

Y tú, ya no tienes que dormir debajo de un puente. Y no tienes que caminar alrededor de ese muro. Eres un individuo nuevo. Así que vive como tal. Es hora de que dejes el desierto. Es tiempo de que vivas de tu herencia. Ya te la dieron. ¿Confiarás en ello?

Ahh, ahí radica la segunda explicación de nuestras debilidades.

Algunos de nosotros no creemos en nuestra herencia. Ese era el problema de los antepasados de Josué. Realmente no creían que Dios pudiera darles la tierra. Por eso es que Dios le dijo a Josué:

**"Tal como le prometí a Moisés, _____ a ustedes todo lugar que toquen sus pies"** (Josué 1:3).

¿Cuál es el recordatorio implícito aquí? *Les hice esta oferta al pueblo de los días de Moisés, pero no la aceptaron. Eligieron el desierto. No cometan el mismo error.*

Josué no lo cometió. Para su crédito, creyó la palabra de Dios y emprendió la tarea de heredar la tierra. Haz lo mismo. Recibe lo tuyo. Tienes la presencia y las promesas de Dios. No midas tu vida por tu habilidad, mídela por la de Dios. Aunque no puedas perdonar, Dios sí puede. Y como él puede, tú puedes. No puedes romper el hábito, pero Dios sí puede. Como él puede, tú puedes. No puedes controlar tu lengua, tu temperamento ni tus impulsos pecaminosos, pero Dios sí puede. Y como tienes acceso a todas las bendiciones del cielo, con el tiempo hallarás fuerzas. Así que recibe tu herencia.

El que tiene la mentalidad del desierto afirma: "Soy débil y siempre lo seré". La gente de la promesa dice: "Era débil, pero me estoy volviendo más fuerte". La gente del desierto dice: "Soy víctima de mi entorno". El que es de la tierra prometida dice: "Soy vencedor a pesar de lo que me rodea". El que sigue en el desierto declara: "Nadie en mi familia tuvo éxito; supongo que yo tampoco". El pueblo de Dios dice: "He nacido en la familia victoriosa de Dios". De modo que es hora de que una generación de cristianos abandone el desierto.

**"[Nosotros] somos herederos, herederos de Dios y coherederos con Cristo".** Por tanto, juntos tú y yo podemos hacer de esta nuestra propia promesa:

**Viviré de mi herencia, no de mi circunstancia.**

## PREGUNTAS PARA LA REFLEXIÓN

1. Nombra tres grandes necesidades que tienes en este momento. Piensa en las espirituales, físicas, familiares y financieras.

2. ¿Qué tiene Dios que podría satisfacer esas necesidades? Si tienes un problema, Dios tiene una promesa. ¿Qué promesa bíblica formula Dios acerca de tu situación?

3. ¿Cómo cambia tu perspectiva cuando vives de tu herencia más que de tus circunstancias?

## ORA LA PROMESA

Padre, tu palabra me dice que soy tu hijo.

Sé que me amas,

y que nunca me dejarás ni me abandonarás.

Si diste a tu único Hijo para que muriera por mí,

el regalo supremo, puedo confiar

que me darás todo lo que necesito para dirigir mi vida.

Me llamaste a vivir. Ayúdame ahora a vivir como hijo tuyo,

no con miedo ni con necesidad, sino con las riquezas

que tan amablemente me proporcionas.

Amén.

# CAPÍTULO 9

## EL SEÑOR ESTÁ CONTIGO

¿Alguna vez te has sentido pequeño? ¿Como si una tarea desalentadora se avecinara y simplemente no te sientes bien equipado para el trabajo? Tal vez sea una tarea que requiera el esfuerzo de un poderoso campeón, pero te sientes más como un cobarde que como un guerrero.

La mayoría de nosotros podemos identificarnos con eso. Al menos, sé que yo puedo. En alguna parte tengo una foto del equipo de baloncesto de primer año, los Mighty Mustangs. No el equipo universitario, sino el de noveno grado. En el mismo marco, encontrarás dos fotografías, una del primer grupo y otra del segundo equipo. Yo estaba en el segundo equipo. Casi.

El equipo B tenía diez uniformes y doce jugadores. Por lo tanto, dos de nosotros no podíamos vestirnos para los juegos de primer año del equipo B. El otro chico sin uniforme usaba lentes gruesos y era algo regordete. Al menos tenía una excusa. Yo tenía buena vista y era alto, pero me movía con la coordinación de un rinoceronte. Así que, en la foto del equipo, aparezco vistiendo unos *jeans* Levi's con dobladillo y unos zapatos Hushpuppies.

Yo no quería ir a esa sesión de fotos. ¿Captarme en una película en la que yo apareciera en la parte inferior del orden jerárquico? No, gracias. Pero, al igual que no sabía cómo hacer una de las jugadas más comunes en la cancha, tampoco sabía cómo escabullirme del gimnasio. El fotógrafo colocó a todo el grupo debajo de la canasta y nos pidió —al chico regordete y a mí— que nos paráramos en cada flanco. "Clic". Mi posición como un don nadie en el baloncesto fue documentada para la posteridad.

Sin embargo, aquí hay una verdad importante que a menudo pasamos por alto. Dios elige trabajar con personas que pueden parecer un "don nadie" para revelar cuán grande es él. A menudo sentimos que no damos la talla. Y no somos los únicos que tenemos ese pensamiento. Pero lo más importante es que no somos los únicos, punto. Ya ves, Dios está con nosotros. A lo largo de las Escrituras, él promete estar con nosotros. Lo que Dios le dijo a Jacob también te lo dice a ti:

"Yo estoy _____. Te _____ por dondequiera que vayas" (Génesis 28:15).

Lo que Dios le dijo a Josué, también te lo dice a ti:

"Así como estuve con Moisés, también _____; no te dejaré ni te abandonaré" (Josué 1:5).

Lo que Dios le dijo a la nación de Israel, te lo dice a ti también:

"Así que no temas, porque _____; no te _____ porque yo soy tu Dios. Te fortaleceré y te ayudaré; te sostendré con mi diestra victoriosa ... Cuando cruces las aguas, _____" (Isaías 41:10; 43:2).

Una de las mentiras más grandes del diablo es que Dios solo usa personas especiales. Y así como todas las mentiras del diablo, esta se basa en una verdad a medias. Dios usa personas especiales. La razón por la que son especiales es porque Dios las usa. Mira lo que dice la Palabra de Dios:

Eres _____. Eres sacerdote real, nación santa, _____ de Dios. Como resultado, puedes mostrar a los demás la bondad de Dios, porque él te llamó de _____ a su luz maravillosa (ver 1 Pedro 2:9).

¿Entiendes lo especial que eres? Dios nos amó tanto que aunque estábamos muertos a causa de nuestros pecados, nos dio vida cuando resucitó a Cristo de entre los muertos. ¡Es solo por la gracia de Dios que has sido salvado! Y no puedes atribuirte el mérito de eso; es un regalo de Dios.

Lo especial no tiene nada que ver con cómo te ves, o lo que puedas hacer, o qué tan inteligente eres.

Lo especial tiene mucho que ver con el hecho de que nada menos que el Maestro del universo te creó como un individuo único. El mismo Dios que dibujó el arcoíris en los cielos lavados por la lluvia, que pinta el amanecer matinal y el atardecer vespertino, el mismo Dios que excavó el Gran Cañón con sus dedos, que esculpió las Montañas Rocosas con sus manos y arrojó la Vía Láctea en el cielo nocturno, ese mismo Dios es el que te creó.

Y ese mismo Dios está ahí, al lado tuyo. Eso significa que eres alguien. Y que estás completamente equipado para asumir las tareas que tienes por delante. No basamos nuestras creencias en el modo en que nos sentimos. Las forjamos y fundamentamos en las promesas de Dios. Promesas que son inquebrantables.

Una muestra de esas grandes y preciosas promesas la tenemos en las palabras del ángel a Gedeón en Jueces 6:12. Él le dice a Gedeón: "El Señor está contigo". Deja que eso se hunda por un momento. Nunca estás solo. Y con Dios a tu lado, tienes más que suficiente para enfrentar tus batallas y ganar tus guerras en cualquier forma que se te presenten.

---

## LA PROMESA DE DIOS

*Estoy contigo.*

## MI PROMESA

*Sé que estoy cerca de Dios.*

¿Sabes cómo se siente cuando tiene todas las probabilidades injustamente en tu contra? A veces lo difícil se siente imposible. Conozco ese sentimiento. Pero también sé que, por loco que parezca, a veces, cuando las circunstancias parecen estar conspirando contra nosotros, en realidad es solo la mano de Dios preparándose para mostrarnos su fidelidad. El Señor es fuerte y poderoso, por lo que se deleita en aparecer en grande cuando las cosas parecen abrumar la esperanza. ¿Crees que estoy inventando estas cosas? Basta con observar las experiencias de Gedeón.

Las probabilidades no eran muy buenas al principio, pero luego empeoraron. O mejor aun, dependían de qué lado estabas. Gedeón era un granjero sencillo, aunque feliz. No mostraba ambiciones políticas, ni intereses militares y, sin embargo, Dios convirtió a ese agricultor en un líder y lo usó para proteger a Israel.

Cerca y constantemente presentes se encontraban los madianitas, un grupo de bribones nómadas que saqueaban los cultivos y el ganado de los israelitas, y arrasaban con todo lo que no podían llevarse consigo. Después de años de ser intimidados, los israelitas clamaron a Dios para que los librara, y Dios respondió llamando a Gedeón. Un ángel enviado por Dios encontró a Gedeón trillando trigo en un lagar. Eso parece extraño. Los granjeros trillaban el trigo en el campo donde el viento podía llevarse la paja. ¿Por qué Gedeón trabajaría en la prensa de vino? Porque tenía miedo. Quería esconderse del enemigo. No es de extrañar que el ángel comenzara sus comentarios con este maravilloso recordatorio:

"El Señor está contigo, _____" (Jueces 6:12).

¿Podrías usar ese recordatorio? No te estás escondiendo en un lagar, pero puedes estar temiendo la llamada del médico o preguntándote cómo vas a pagar la hipoteca. No le temes a las tribus enemigas, pero sí a los exámenes finales o a ese supervisor gruñón. ¿Te sientes completamente solo? Tú no. Nunca te has sentido así y nunca lo sentirás. Las promesas de la presencia de Dios son a las Escrituras lo que los diamantes a Tiffany. Brillan en cada página.

Gedeón necesitaba una versión de 20 quilates, así que dijo: "Perdóneme, mi señor, pero ¿cómo puedo salvar a Israel? Mi clan es el más débil de Manasés, y yo soy el más insignificante de mi familia". Prácticamente dijo que era el más cobarde de una familia de temerosos. Necesitaba convencerse de que Dios estaba con él, por lo que presentó esta propuesta. Él dijo:

"Mira, tenderé un vellón de lana en la era, sobre el suelo. Si el rocío cae solo sobre el vellón y todo el suelo alrededor queda seco, entonces sabré que salvarás a Israel por mi conducto, _____" (Jueces 6:37).

A la mañana siguiente, el suelo estaba tan seco como un hueso, pero el vellón estaba empapado. Todavía sin querer precipitarse en esto, Gideon oró de nuevo. "Oye Señor, no quiero ponerme molesto, pero intentémoslo de otra manera. Dejaré el vellón afuera nuevamente esta noche y en la mañana si el suelo está mojado y el vellón está seco, entonces sabré que necesito escucharte". A la mañana siguiente, a pesar de que el suelo estaba completamente seco, la lana colocada en el suelo estaba empapada de agua. Pese a eso, Gedeón comenzó a pensar: "Vaya, Dios debe hablar en serio aquí".

Aquí es donde la historia se pone realmente interesante. Gedeón miró a su ejército de 32.000 hombres y pensó: "Podemos hacer esto". Y Dios dijo: "No tan rápido, Gedeón. Tienes demasiados hombres. (¿Demasiados hombres? ¿Cómo puede tener demasiados hombres?) Y le dijo a Gedeón que anunciara lo siguiente:

**"Cualquiera que** _____ **que se vuelva y se retire del monte de Galaad!".** Así que se volvieron veintidós mil hombres, y se quedaron diez mil (Jueces 7:3).

Dos tercios de sus muchachos hicieron las maletas. Desaparecieron. Cobardes. Huyeron más rápido que unos gatos asustados. Gedeón se había reducido a 10.000 hombres. Pero Dios afirmó: "Aún son demasiados". Entonces le dijo a Gedeón que enviara a los hombres al río por un trago: los que se arrodillaran y lamieran el agua como un perro debían pasar a un grupo y los que ahuecaban el agua en sus manos y bebían de ellas debían pasar a otro grupo. Solo 300 de los soldados bebieron en sus manos. Gedeón pensó: _Dios mío, espero atrapar a los que parecen cachorros cuando beben._ Por desgracia, no fue así. Dios le dijo a Gedeón que se quedara con los hombres que bebían en sus manos ahuecadas y que enviara al resto a casa. ¡En cuestión de momentos, sus recursos se redujeron en un noventa y cinco por ciento!

¿Te identificas con eso? Recibí un correo electrónico esta semana de un querido amigo, un querido amigo desempleado.

Después de más de una década en su área laboral, perdió su trabajo y está empezando a perder la esperanza. En los últimos tres meses ha sido rechazado cinco veces. Las cosas parecen estar empeorando, no mejorando.

_¿Y tú?_

¿Están aumentando tus facturas, en vez de disminuir? ¿Está empeorando tu artritis o no mejora nada? ¿Están aumentando las críticas que recibes, no disminuyendo?

Si es así, Gedeón es tu nuevo héroe. Se quedó con 300 hombres. Lo único que tenían a su favor era que bebían cortésmente.

Su currículum era débil. Su ejército era pequeño. Pero el Dios de Gedeón era enorme.

Dios le dijo a Gedeón que se infiltrara en el campamento enemigo para cumplir una misión de reconocimiento. Gedeón tomó a uno de sus líderes y escuchó a escondidas una conversación en una fogata. Oyó a un soldado decirle a otro: "Tuve el sueño más extraño anoche. Soñé que una hogaza de pan de cebada rodaba colina abajo hacia el campamento y aplastaba una de nuestras tiendas". El segundo tipo dijo: "Tu sueño solo puede significar una cosa, Gedeón y sus hombres nos van a dar una paliza". (Ver Jueces 7:12-15).

Gedeón tomó el sueño como una señal de Dios y regresó al campamento para reunir a las tropas.

Según Jueces 7:15:

**Cuando Gedeón oyó el relato del sueño y su interpretación, _____. Luego volvió al campamento de Israel y ordenó: "¡Levántense! El Señor ha entregado en manos de ustedes el campamento madianita".**

Así que dividió a sus trescientos hombres en tres grupos, cien en cada uno. Les dio a cada hombre un cuerno y una vasija de barro con una antorcha dentro. Justo después de la medianoche rodearon el campamento de los madianitas y, a la señal dada, tocaron sus cuernos, rompieron las vasijas de barro y revelaron las antorchas. Los madianitas entraron en pánico, los israelitas tocaron sus cuernos nuevamente y el Señor hizo que los guerreros que estaban en el campamento comenzaran a pelear entre sí. Los que no fueron asesinados huyeron en medio de la confusión.

¿No te encanta cuando un plan se concreta? Gedeón aprendió lo que Dios quiere que aprendamos. Que él es suficiente. No necesitamos un gran ejército. No necesitamos recursos abundantes. Todo lo que necesitamos es la presencia de Dios. Su presencia inclina la balanza a nuestro favor. Evita pensar que Dios está lejos, apartado de nosotros. De hecho, él habita en la galaxia más lejana, pero también mora en el espacio al lado tuyo mientras reflexionas sobre estas palabras. Simplemente está en todas partes todo el tiempo. Lo que significa que está contigo cuando te enfrentas a cualquier ejército. Está contigo cuando te llevan a una cirugía. Está contigo cuando entras en el cementerio.

El Salmo 23:4 dice:

**Aunque ande en _____, no temeré mal alguno, porque _____, tu vara y tu cayado me infundirán aliento.**

Puede que no entendamos los caminos de Dios y, como Gedeón, tengamos nuestras preguntas. Pero recordemos que una persona más Dios es mayoría. Las probabilidades de Dios son las mejores. Y Dios está contigo. Siempre. Así que aférrate a esta preciosa promesa:

**"El Señor está contigo".**

Y al hacerlo, haz tu propia promesa:

**"Sé que estoy cerca de Dios".**

## PREGUNTAS PARA LA REFLEXIÓN

1. Lee 2 Corintios 12:9. ¿Cuándo dice Pablo que se ve más la fuerza de Dios?

_____

_____

_____

_____

_____

2. ¿Cuáles son tus mayores debilidades? ¿Cómo te fortalece la cercanía de Dios en estas áreas?

_____

_____

_____

_____

_____

3. ¿Cuál es la mayor batalla a la que te enfrentas en este momento? ¿Estás dispuesto a volverte débil para que Dios pueda ser fuerte para ti?

_____

_____

_____

_____

## ORA LA PROMESA

Jesús, tu gracia es suficiente para mí ante cualquier cosa que enfrente.

Cuando yo soy débil, tú eres fuerte.

Cuando me siento insignificante, eres más que suficiente.

Tu poder está obrando en mi vida, transformándome a tu semejanza.

Ayúdame a entregarte mis debilidades todos los días.

Amén.

# CAPÍTULO 10

## EL SEÑOR ME REDIME

Mi hermano mayor solía molestarme mucho. Ningún día estaba completo a menos que él hubiera hecho el mío miserable. Me hacía tropezar cuando entraba en la habitación. Quitaba las sábanas de mi cama recién hecha. Me tiraba al suelo y se sentaba en mi pecho hasta que no podía respirar. Cuando la rueda de su bicicleta estaba pinchada, me robaba la mía. Me pateaba debajo de la mesa y cuando le devolvía la patada, me atrapaba mientras él fingía inocencia. Gracias a él aprendí el significado de la palabra "fastidioso". Su primer pensamiento al despertar era: "¿Cómo puedo meterme con Max?". Me robaba mi mesada. Me llamaba "cobarducho". Me arrojaba lo que tuviera en la mano.

Pero todas sus travesuras crueles fueron compensadas por un gran acto de gracia. Me eligió para jugar en su equipo de béisbol. Todos los que estaban ese día en el campo eran de la escuela secundaria; y yo un simple estudiante de tercer grado. Todos los demás podían manipular un bate de béisbol. Pero yo nunca hice un hit. Todos los demás podían lanzar, atrapar y robar bases. Pero yo era lento, torpe y, sobre todo, era pequeño. En el orden jerárquico del campo de béisbol, estaba en el peldaño más bajo.

Entonces, cuando llegó el momento de elegir los miembros de los equipos, me preparé para lo peor. La selección de equipos de béisbol veraniego es suficiente para afectar la psique de cualquier niño. El asunto funciona así. Dos jugadores, presumiblemente los mejores, comienzan a gritar nombres. "Johnny es mío". "Tommy es para mí". "Quiero a Jasón". "Me llevo a Eric".

Johnny, Tommy, Jason y Eric se pavonearon presumiendo en dirección a sus respectivos capitanes adoptando una pose de chicos muy populares. Se lo merecían. Fueron los primeros elegidos.

98

El proceso de selección continuó uno por uno, hasta que quedó en pie el último niño. Ese chico, ese día lo supe, tendría pecas, sería pelirrojo y se llamaría Max. Sobre todo porque mi hermano era uno de los capitanes.

Lo que sucedió fue un verdadero milagro. Entre los poderosos actos de intervención divina que los ángeles discuten, está ese momento cuando mi hermano me seleccionó para el equipo. Junto con las historias de la apertura del Mar Rojo y la de Jesús caminando sobre el agua, está el momento en que mi hermano me escogió. No es el primero de la lista. Pero está lejos de ser el último. Todavía tenía muchos buenos jugadores por elegir.

Sin embargo, por una razón que solo él y Dios conocen, me eligió a mí. Pasé de la última posición trasera del grupo al frente de la fila, y todo porque me llamó por mi nombre.

Él no me escogió porque yo era buen jugador. No me seleccionó por mi habilidad o mi conocimiento del béisbol. Pronunció mi nombre por una razón. Sí, solo por una razón. Que era mi hermano mayor. Y ese día decidió comportarse como un buen hermano mayor.

Podrías decir que eligió ser mi "pariente redentor". Por otra parte, tú nunca dirías eso.

Es más, es probable que nunca hayas escuchado esa frase y mucho menos que la hayas usado. Sin embargo, sería prudente incluirlo en tu glosario. La lista de promesas de Dios para ti incluye la siguiente: él será tu pariente redentor. Pero primero debes pedirle a ese pariente redentor que te tome bajo su cuidado. Él ha prometido hacerlo.

El Salmo 34:22 dice:

**El Señor _____ a sus siervos.**

Pero, ¿qué significa ser siervo? ¿Acaso está diciendo el salmista que seremos redimidos si antes de todo demostramos que somos dignos de ser tratados como parte de la familia de Dios? ¿Ser hijo o hija del Altísimo requiere cierto estatus social o económico? ¿Un historial probado? ¿Un conjunto de habilidades sobrenaturales?

¿O será que ninguno de esos rasgos es lo que se requiere porque todos ellos son expresiones externas y Dios se interesa más en los asuntos del corazón?

Si te preocupa no ser digno del amor de Dios, tengo noticias para ti: tienes razón. Él no te necesita en su equipo. Tampoco me necesita a mí. Seamos sensatos, ninguno de nosotros es el mejor prospecto de nuestra clase. No somos la mejor selección de la primera ronda de escogidos. Todos llegamos con muchas debilidades al juego. Si analizaran nuestras estadísticas, verían muchos errores, ponches y malos lanzamientos desperdiciados en los registros.

Pero, ¿sabes qué es lo más notable en cuanto a Dios? Que a él no le importa nada de eso, porque no se trata de lo que puedes hacer por él. Al contrario, se trata de lo que él puede hacer por ti y a través de ti, cuando entregas tu corazón y le das el control.

Se trata de un corazón dispuesto. Una postura humilde. Una invitación a que él entre y esté con nosotros. Esas son las cosas que él busca al evaluar a los jugadores que lo rodean. Se podría decir que Jesús es el hermano mayor perfecto. Cuando te ve en el campo, se asegura de que estés en el equipo. EN su equipo. ¡El equipo ganador!

Nunca le pregunté a mi hermano qué lo motivó ese día en el campo de béisbol. Me gustaría pensar que me eligió por mi talento. Pero no fue por eso. Me escogió porque eso es lo que hace un buen hermano mayor.

Tal vez siguió el ejemplo de Jesús. Quizás cada uno de nosotros pueda hacer lo mismo hoy mientras vivimos nuestra fe sabiendo que tenemos un pariente redentor que nos cuida.

Así que, si te sientes algo inestable como si no fueras lo suficientemente bueno para formar parte del equipo de Dios, anímate. No necesitamos vivir basándonos en nuestros sentimientos. Elegimos vivirlas en las promesas inquebrantables de Dios.

## LA PROMESA DE DIOS

*El Señor redimirá a los que le sirven.*

## MI PROMESA

*Me acercaré a Cristo, mi pariente redentor.*

¿Conoces ese refrán que dice: "No es lo que sabes, sino a quién conoces lo que cuenta"? Eso es notablemente cierto hoy. Como lo fue para Rut y Noemí, dos mujeres que parecían tener poca suerte pero, al contrario, estaban a punto de toparse con las provisiones de Dios.

Esta es la escena:

Dos figuras coronaron el horizonte del desierto de Judea. Una viuda anciana y otra joven. El polvo de la carretera cubrió sus mejillas. Las dos se acurrucaron juntas, porque todo lo que tenían era la una a la otra.

Diez años antes, una hambruna había expulsado a Noemí y a su esposo de Belén. Así que vendieron su tierra y emigraron al territorio enemigo de Moab, donde la pareja encontró tierra fértil para cultivar y unas chicas para casar a cada uno de sus dos hijos. Pero la tragedia surgió. El esposo de Noemí murió. Sus hijos también fallecieron.

Noemí decidió regresar a su ciudad natal de Belén. Rut, su nuera, decidió ir con ella.

El par de mujeres difícilmente podría parecer más lamentable cuando entraron en el pueblo. Sin dinero. Sin posesiones. Sin hijos que las cuidaran. Sin granja que cultivar. En el siglo doce a. C., la seguridad de una mujer la proveía su esposo y su futuro lo aseguraban sus hijos. Pero estas dos viudas no tenían nada de eso. Tendrían suerte si encontraban una cama en el Ejército de Salvación.

Pero entonces entró en escena un soltero: Booz. Un hombre educado y rico, que administraba una granja rentable con una casa amplia y completamente pagada. Era un tipo que vivía de lo mejor.

Fue entonces que vio a Rut. Ella no era la primera inmigrante que recogía granos en sus sembradíos. Pero fue la primera en robarle el corazón. Su mirada captó la de él por un instante. Eso fue todo lo que requirió, un instante. Ojos en forma de almendras y cabello color chocolate. Rostro lo suficientemente extraño como para encantarlo, rubor lo sobradamente tímido como para intrigarlo. El corazón le latía como un solo de timbales y las rodillas le temblaban como gelatina. Tan rápido como puede pasar una página en la Biblia, Booz aprendió su nombre, su historia y su perfil de Facebook. Así que mejoró su estación de trabajo, la invitó a cenar y le dijo al capataz que la enviara feliz a casa. En una palabra, tuvo gracia con ella. Al menos esa es la palabra que Rut escogió cuando dijo: *"Oh Señor, tanta gracia, tanta amabilidad, no me la merezco. Has tocado mi corazón, me has tratado como uno de los tuyos. ¡Y ni siquiera pertenezco aquí!"* (Rut 2:13 BEM).

Rut se fue con veinte kilos de grano y una sonrisa imborrable en su rostro. Cuando llegó ante Noemí, esta escuchó la historia y reconoció, primero el nombre, luego la oportunidad, por lo que dijo: "Booz... Booz... ese nombre me suena... me parece familiar. Ah, ¡es el hijo de Rahab! Era el tornado pecoso de las reuniones familiares. ¡Rut, ese hombre es uno de nuestros primos!

La cabeza de Noemí comenzó a dar vueltas pensando en las posibilidades. Así que le indicó a su nuera que acercara su silla y que la escuchara con atención. Siendo esa la temporada de la cosecha, Booz cenaría con los hombres y pasaría la noche en la era para proteger la cosecha de los intrusos. Así que le ordenó a Rut que se lavara y se perfumara, que se pusiera su mejor ropa, que bajara sigilosamente a la era y después de que Booz se acostara, que le descubriera los pies y se acostara junto a él con el fin de esperar que Booz le dijera qué hacer a continuación.

Perdóname, ¡tengo que limpiarme el vapor de las gafas! Me pregunto: ¿cómo entró en la Biblia esa propuesta amorosa moabita a medianoche? Booz, con la barriga llena y soñoliento. Rut bañada y perfumada. Descubre sus pies y acuéstate. ¿Qué estaba pensando Noemí?

Estaba pensando que era hora de que Rut siguiera con su vida. Rut todavía estaba de duelo por la muerte de su esposo. Cuando Noemí le dijo que se "pusiera su mejor ropa", usó una frase que describe un manto de luto. Mientras estuviera vestida de negro, Booz, por poco respetable que fuera, mantendría las distancias. La ropa nueva marcó el regreso de Rut a la sociedad. Noemí también estaba pensando en la ley del pariente redentor. Esta complicada costumbre logró dos objetivos: la protección de la tierra y la provisión para las viudas sin hijos. Si un hombre moría sin hijos, su propiedad se transfería, no a su esposa, sino a su pariente vivo más cercano. Esta práctica mantenía la tierra en el clan. Pero también dejaba vulnerable a la viuda. Para protegerla, la ley requería que el hermano del difunto se casara con la viuda sin hijos. Eso era la gracia en acción.

Si el difunto esposo no tenía hermano, su pariente más cercano debía mantener a la viuda pero no necesariamente casarse con ella.

Esta ley mantenía la propiedad en la familia, daba protección a la viuda y, en algunos casos, al esposo.

En el caso de Noemí y Rut, no tenían hijos, pero tenían un primo lejano llamado Booz que ya había sido amable con ellas una vez. Era posible que lo fuera de nuevo. Valió la pena la apuesta. Según Rut 3:7-8:

**[Rut] bajó a la era e _____ su suegra le había mandado. Booz comió y bebió, y se puso alegre. Luego se fue a dormir detrás del montón de grano.**

Rut se quedó en las sombras, observando a los hombres sentarse alrededor del fuego y terminar de comer. Uno por uno, se pusieron de pie y se fueron a la cama, listos para pasar la noche. Las risas y la charla dieron paso a los ronquidos. Pronto la era se quedó en silencio. A la luz del fuego que aún crepitaba, Rut hizo su movimiento. Se arrastró entre los bultos de los hombres dormidos en dirección a Booz. Al llegar a él, ella:

_____ y se acostó allí. A medianoche Booz se despertó sobresaltado y, al darse vuelta, descubrió que había una mujer _____ (Rut 3:7-8).

Aquello, en efecto, fue sorprendente. Fue un gesto más o menos equivalente a la entrega de un anillo de compromiso.

**"Soy Rut, _____. Extienda sobre mí el borde de su manto, ya que usted es un _____ _____" (Rut 3:9).**

Un movimiento audaz. ¿Quién era ella más una extranjera? ¿Quién era él sino Booz, el terrateniente prominente? Ella era una extranjera indigente. Él un poderoso de la región. Ella, desconocida. Él, muy bien conocido.

Ella frágil.

Él dominante.

Ella tú.

Él Dios.

Ya te habrás dado cuenta, la historia de Rut es la misma de nosotros. Nosotros también somos pobres. Procedemos de tierras enemigas y vestimos túnicas de muerte. Pero nuestro Booz se ha fijado en nosotros. Así como ese terrateniente vino a Rut, "siendo aún pecadores", Cristo vino a nosotros (Romanos 5:8). Él hizo el primer movimiento. Nosotros respondimos. Nos arrojamos a los pies de Dios. Y gracias a la bondad de Jesús, nos hemos convertido en la novia de Cristo. Piensa en esta maravillosa promesa de Dios.

**El Señor _____ a los que le _____ (Salmos 34:22 NTV).**

Somos la versión moderna de Rut. Ella compartió su vida con Booz. Se mudó a la espaciosa casa de él. Noemí ocupó la villa de los invitados. Booz cambió su Mercedes convertible por una minivan y su noche de póquer por una noche familiar. Lo último que vimos fue que Booz, Rut y Noemí posaron para una foto familiar con su nuevo bebé, Obed, que luego crió a un hijo llamado Isaí, que a su vez engendró a David, el segundo rey más famoso que nació en Belén. Ya conoces al rey más famoso: Jesús. Ahora lo conoces aún más: es tu pariente redentor. La historia que comenzó con dos viudas y el dolor concluye con la promesa de Cristo y la vida.

Este tipo de cosas suceden cuando Dios hace una promesa. Este tipo de cosas suceden cuando confiamos en que él las cumplirá. Dios promete redimirte. Así que tómate esa promesa en serio y haz tu propia promesa.

Mi promesa: Me acercaré a Cristo, mi pariente redentor.

## PREGUNTAS PARA LA REFLEXIÓN

1. ¿Qué significa ser "redimido"?

_____

_____

_____

_____

_____

2. ¿Cómo aceptamos la redención de Dios?

_____

_____

_____

_____

_____

_____

3. ¿Has acogido la promesa de que Jesús es tu pariente redentor?

_____

_____

_____

_____

## ORA LA PROMESA

*Jesús, tu disposición a soportar el dolor de la muerte
para redimirme verdaderamente me asombra.
Sin ti como mi pariente redentor,
no tendría esperanza en este mundo.
Ayúdame a agradecer siempre tu maravillosa gracia.
Amén.*

# Capítulo 11

## La batalla es del Señor

Hace poco pasé casi una hora recitándole a mi esposa los problemas de mi vida. Me sentí abrumado por los compromisos y las fechas límite. Había estado enfermo con gripe. Había tensión en la iglesia entre algunos de mis amigos. Recibimos noticias de una pareja que se estaba divorciando. Y luego, para colmo, recibí un manuscrito de mi editor que parecía ensangrentado —literalmente— con tinta roja. De hecho, busqué un capítulo que no necesitara una reescritura. No hubo ni uno. (Ay de mí).

Después de varios minutos de escuchar mis desvaríos, Denalyn me interrumpió con una pregunta: "¿Está Dios en alguna parte de esto?". Detesto cuando ella hace eso. Yo no estaba pensando en Dios. No estaba consultando a Dios. No me estaba dirigiendo a Dios. No estaba hablando de Dios.

Es probable que eso te haya pasado. Has tenido una semana ardua en el trabajo. Tu proyecto no va bien y tu jefe no parece notar cuántos trasnochos te está generando. Nada parece ir bien. Todo lo que puedes hacer es quedarte despierto por la noche en las pocas horas posibles y preocuparte por el día siguiente. Comes, duermes y sueñas con el problema.

Entonces surge la pregunta: ¿está Dios en alguna parte de esto?

Tu matrimonio se está desmoronando. Los comentarios ásperos y las respuestas iracundas son constantes en cada intervención. Te sientes atrapado entre dos opciones: seguir viviendo en esas condiciones o poner fin a la relación. Vuelve la pregunta: ¿Está Dios en alguna parte de esto?

Las facturas que están en tu escritorio se amontonan como un castillo de naipes a punto de derrumbarse. La preocupación y el miedo se apoderan de tu corazón. La frustración y el estrés te llevan a lugares a los que no quieres ir. Nuevamente surge la pregunta... ¿está Dios en alguna parte de esto?

Cuando te enfrentas a una batalla que parece demasiado difícil de vencer, tal vez hasta imposible, hay una poderosa promesa que puedes considerar en 1 Samuel 17:47:

**Todos los que están aquí reconocerán que el _____ sin necesidad de espada ni de lanza. La _____ es del Señor, y él los entregará a ustedes en nuestras manos.**

A veces parece que estamos en una batalla constante. Una batalla por nuestro corazón, una batalla por nuestras relaciones, una batalla por nuestras finanzas, una batalla por nuestra paz. Eso puede ser agotador y abrumador. Pero nunca estuvimos destinados a pelear nuestras batallas solos.

En Mateo 1:23, Dios se llamó a sí mismo "Emanuel", lo que significa ¡*Dios con nosotros*! No solo el Dios que nos hizo; no solo el Dios que piensa en nosotros; no solo el Dios que está por encima de nosotros; sino Dios... con... nosotros. El que respiró nuestro aire y caminó por esta tierra.

El que tocó la llaga del leproso con sus dedos. El que sintió las lágrimas de la mujer pecadora que sollozaba. El que inclinó su oído al clamor de los hambrientos. El que lloró por la muerte de un amigo. El que dejó su trabajo para atender las necesidades de una madre afligida. El que no retrocede, corre ni huye al ver el dolor. Todo lo contrario. Él camina con nosotros a través de sí mismo. Él no caminó por la tierra en una burbuja aislada ni predicó desde una isla solitaria, libre de gérmenes y de dolor. Él se involucró en nuestro desastre para mostrarnos una salida. Salió al campo de batalla y nos mostró cómo ganar.

En algunas de las guerras más grandes de la historia, si no fuera por la llegada de los aliados y los refuerzos, esas batallas se habrían perdido. Jesús es más fuerte que cualquier refuerzo natural y ya ganó la guerra final. Cuando nos enfrentamos a adversidades insuperables, cuando la batalla parece desesperada, cuando estamos cansados de la lucha, debemos saber que no estamos solos. Tenemos al vencedor supremo de nuestro lado, y podemos atravesar la batalla consciente de que ya está ganada.

¿Está Dios en alguna parte de esto? Seguro que sí. Y debemos reconocer su autoridad. Debemos permitir que nos muestre el plan de batalla, que nos enseñe cómo pelear la buena batalla y, en última instancia, dejar que él sea el que vaya al frente peleando por nosotros.

Jesús dijo en Juan 16:33:

"Yo les he dicho estas cosas para que _____ hallen paz. En este mundo _____, pero ¡anímense! Yo he _____ al mundo".

¿Cómo tenemos paz en medio de las batallas que se libran a nuestro alrededor? Podemos tenerla si nos armamos de valor y estamos conscientes de que él ya las venció. Él tiene un plan y NOSOTROS somos los vencedores, gracias a Jesús. El que ha vencido al mundo está allí para pelear la batalla. Así que no estás solo. Ten valor.

Sea lo que sea que estés atravesando. Sea cual sea la batalla que estés enfrentando en este momento. Cualquiera que sea la improbabilidad de la victoria, recuerda que la batalla es del Señor.

---

### LA PROMESA DE DIOS

*La batalla es del Señor.*

---

## MI PROMESA

*Lucharé en el nombre del Señor Todopoderoso.*

Es posible que hayas pensado que la batalla era para que la pelearas tú, que era tuya, ganaras o perdieras, tuya para sostenerla. No, no es así. "La batalla es del Señor". Gracias, David, por modelar esta promesa.

No el rey David. No el David de la realeza. Sino el joven, el pastorcito David. El de las rodillas llenas de barro.

El que refresca su mano con el agua burbujeante. Si se fijara, podría estudiar sus hermosos rasgos en el reflejo del agua. Pelo color cobre. Piel bronceada y rojiza; unos ojos que les quitan el aliento a las doncellas hebreas. Pero no, él no busca ver su reflejo; lo que busca son piedras. Piedras lisas. De esas que guarde ordenadamente en su saco pastoril, de las que se anidan perfectamente en el cuero de la honda del pastor. Piedras planas que equilibren su peso en la palma de su mano y pueda lanzarlas con la fuerza de un cometa contra la cabeza de un león, un oso o, en este caso, un gigante.

Goliat mira hacia abajo desde la ladera. Ni la incredulidad le impide reír. Él y su manada filistea han convertido su mitad del valle en un bosque de lanzas; una pandilla de matones gruñones y sedientos de sangre presumen de sus dientes podridos y sus tatuajes con figuras de alambres de púas. Goliat sobresale por encima de todos ellos: tres metros de alto, acarrea sesenta kilos de armadura y gruñe como el principal contendiente en la noche del campeonato de la Asociación Mundial de Lucha Libre. Tiene un cuello talla 20, un sombrero tamaño 10½ y un cinturón de un metro y medio. Sus bíceps estallan, los músculos de sus piernas y brazos ondulan y, además, se jacta de eructar a través del cañón:

"¡Yo _____! ¡Elijan a un _____!" (1 Samuel 17:10).

¿Quién irá *mano a mano conmigo*?

Ningún hebreo respondió.

Hasta hoy.

Hasta David.

David acababa de aparecer en la mañana. Salió de vigilar las ovejas, lo que normalmente hacía, para entregarles pan y queso a sus hermanos en el frente de batalla. Y ahí es cuando David toma su decisión. Selecciona cinco piedras lisas.

Goliat se burla del niño y lo apoda Twiggy.

"¿Soy acaso un _____ para que vengas a atacarme con _____?" (17:43).

¿Qué probabilidades le das a David contra su gigante? Muchas más, tal vez, de las que te das a ti mismo contra los tuyos.

Tu Goliat no lleva espada ni escudo; blande las espadas del desempleo, el abandono, el abuso o la depresión. Conoces bien el rugido de Goliat. Las burlas quejumbrosas de tu pasado, el burlón temor sobre tu futuro. Las preguntas implacables y llenas de miedo sobre tu presente. Su voz es desafiante y despiadada. Solo quiere aterrorizarte y paralizarte.

Pero en este día, David se enfrentó a uno que disimuló sus desafíos mañana y noche. La Escritura dice que:

El _____ salía mañana y tarde a _____ a los israelitas, y así lo estuvo haciendo durante _____ (17:16).

El tuyo hace lo mismo. Primer pensamiento de la mañana, última preocupación de la noche: tu Goliat domina tu día, contamina tu esperanza, irrita tu alma y perturba tu alegría. Goliat: el matón del valle. Más duro que un bistec del más barato.

Pero no más fuerte que el Dios de David. Cuando este vio al gigante, dijo lo siguiente:

"¿Qué dicen que le darán a quien _____ a ese filisteo y _____ de Israel? ¿Quién se cree este filisteo pagano, que _____ del Dios viviente?" (1 Samuel 17:26).

Llamó a Goliat por un calificativo: "filisteo pagano", o en el lenguaje moderno, "sinvergüenza corrupto e inmundo". ¿Políticamente correcto? No. Pero espiritualmente consciente. David marchó a la batalla muy consciente de los "ejércitos del Dios viviente".

Él vio una batalla; pensó en Dios.

Vio los ejércitos filisteos; pensó en los ejércitos de Dios.

David se especializó en Dios. Aunque vio al gigante, su enfoque principal seguía siendo Dios. Observa cuidadosamente el grito de batalla de David:

"Tú vienes contra mí con _____, _____ y _____, pero yo vengo a ti en el _____, el Dios de los ejércitos de Israel, a quien has desafiado" (17:45).

Nota el sustantivo plural: *ejércitos* de Israel. ¿Ejércitos? El observador común solo ve un ejército de Israel. David no. Él vio a los Aliados el día D: pelotones de ángeles e infanterías de santos. Él vio las armas del viento y las fuerzas de la tierra. Dios podía arrojar granizo al enemigo como lo hizo con Moisés, derrumbar muros como lo hizo con Josué, provocar truenos como lo hizo con Samuel.

David vio los ejércitos de Dios.

Y por eso, David se apresuró y corrió hacia el ejército para encontrarse con el filisteo.

Los hermanos de David se taparon los ojos, por miedo y por vergüenza. Saúl suspiró mientras el joven hebreo corría hacia una muerte segura. Goliat echó la cabeza hacia atrás riéndose, lo suficiente como para cambiarse el casco y exponer dos centímetros cuadrados de su frente. David vio el objetivo y aprovechó el momento. El sonido de la honda girando era el único ruido en el valle.

Ssshhhww. Ssshhhww. Ssshhhww.

La piedra se estrelló contra su cráneo; los ojos de Goliat se cruzaron y las piernas se le doblaron. Se derrumbó en el suelo y murió. David corrió y le arrancó la espada a Goliat de su vaina, le dio un sablazo al filisteo y le cortó la cabeza.

Se podría decir que David sabía cómo sacarle la *cabeza* a su gigante.

¿Cuándo fue la última vez que hiciste algo así? ¿Cuánto tiempo hace que corriste en dirección a tu desafío? Tendemos a evadirlo, a escondernos detrás de un escritorio de trabajo o a entrar a un club nocturno, o a una cama de amor prohibido. Por un momento, un día o un año, nos sentimos seguros, aislados, anestesiados, pero luego se acaba el asunto, termina el efecto del licor o el amante se va y volvemos a escuchar a Goliat.

Fuerte.

Exagerado.

Es como la armadura que el rey Saúl le ofreció a David. Un escudo para que David se escondiera detrás, una armadura para cubrirse. Pero esos intentos de protección fueron solo eso, intentos fallidos. David tuvo que cambiar su táctica. Tuvo que enfrentarse al gigante de frente. Sin esconderse. Sin tratar de fingir que era alguien que no era. Sin falsas pretensiones de valentía que simularan fiereza. David tuvo que pararse en las promesas de Dios y enfrentar a Goliat con audacia.

Y derribó al gigante. Es hora de que hagamos lo mismo.

Como David, aturde a tu gigante con tu alma saturada de Dios. Amplía a Dios y minimiza a Goliat. Emplea algo de la determinación inquebrantable del cielo. *¡Fuera de mi casa, gigante del divorcio, no vas a entrar! ¿Gigante de la depresión? Puedes insistir toda una vida, pero no me conquistarás. Gigante del alcohol, la intolerancia, el abuso, la inseguridad… vas camino a lo profundo.* ¿Cuánto tiempo hace desde que cargaste tu honda con piedras y le diste un golpe a tu gigante?

¿Demasiado tiempo, dices? Entonces David es tu modelo. Dios lo llamó el "hombre conforme a mi corazón" (Hechos 13:22). No le dio ese apelativo a nadie más. Ni a Abraham ni a Moisés ni a José. A Pablo le dijo apóstol, a Juan su amado, pero nadie más fue calificado como un hombre conforme al corazón de Dios.

No son solo tú y Goliat. No estás solo en tus luchas. Reclama esta gran y poderosa promesa. La próxima vez que escuches al bravucón del valle resoplar y pavonearse, recuérdale a él y a ti mismo la promesa de 1 Samuel 17:47: "La batalla es del Señor". Y luego, con una audacia como la de David, haz tu propia promesa:

**¡Lucharé en el nombre del Señor Todopoderoso!**

## PREGUNTAS PARA LA REFLEXIÓN

1. Nombra el gigante más grande al que te enfrentas en este momento. ¿Dificultades maritales? ¿Crisis financiera? ¿Un informe aterrador de tu médico? Dale un nombre a tu gigante.

_____

_____

_____

_____

_____

2. Recuerda, esta batalla es del Señor. ¿Cómo afecta esta promesa tus pensamientos, tus palabras, tus acciones?

_____

_____

_____

_____

3. ¿Cuáles son las cinco piedras lisas que puedes usar para derrotar a tus gigantes?

_____

_____

_____

_____

_____

## ORA LA PROMESA

Señor, tú eres el matador de gigantes,
el Dios cuyo ejército angelical es capaz de derrotar
a cualquier enemigo al que me enfrente.
Mi batalla no es contra sangre y carne, sino contra
el enemigo de mi alma.
Un enemigo que has conquistado.
Ayúdame, por tu gracia, a confiar en que la batalla
verdaderamente es tuya.
Permíteme avanzar alabando y confiando,
creyendo que puedes y vencerás a todos mis gigantes.
Amén.

# Capítulo 12

## Cuando oramos, suceden grandes cosas

Hace unos días acompañé a Denalyn a hacer una diligencia. Nos detuvimos en una tienda de artículos de oficina para que comprara un calendario. Mientras íbamos caminando por el estacionamiento, apunté al letrero y dije: "Cariño, esta es mi tienda. ¡OfficeMax!".

A ella no le impresionó eso.

Así que corrí hacia la puerta principal, la abrí y le dije: "Entra a MI tienda".

Ella puso los ojos en blanco. Yo pensaba que "poner los ojos en blanco" era un gesto de frustración.

Después de 35 años es que me doy cuenta de que ¡es un símbolo de admiración! Después de todo, ella lo hace muy a menudo. Continué con mi postura mientras comprábamos, agradeciéndole por venir a "mi" tienda a comprar productos de "mis" estantes.

Ella solo puso los ojos en blanco, otra vez. Creo que se quedó sin palabras. Cuando llegamos a la fila para pagar, le dije a la empleada mi situación.

Arqueé una ceja y profundicé mi voz.

—Hola, soy Max —dije.

Ella sonrió y procedió a registrar la venta.

—Tal como *OfficeMax*.

Ella me miró, luego vio a Denalyn. Esta volvió a poner los ojos en blanco. Cuánta admiración por su marido. Estaba empezando a sonrojarme.

—Soy el jefe de este lugar.

—¿En serio? —dijo mirándome sin sonreír.

—¿Por qué no te tomas la tarde libre? —le pregunté.

—¿Qué?

—Tómate la tarde libre. Si alguien pregunta, dile que Max de *OfficeMax* te dijo que te fueras a casa.

Esta vez se detuvo y me miró:

—Señor, puede que tenga el nombre, pero no tiene la influencia.

Bueno, ella tenía razón en cuanto a mí, pero no se puede decir lo mismo acerca de ti. Si te has apropiado del nombre de Cristo, tienes influencia. Cuando hablas, Dios escucha. Cuando oras, el cielo considera eso. Lo que atas en la tierra es atado en el cielo. Lo que desatas en la tierra es desatado en el cielo. Tu oración impacta las acciones de Dios. Santiago 5:16 dice:

**La _____ de una persona justa tiene mucho poder y da _____.**

Y de acuerdo a 2 Corintios 5:21 (NTV):

**Pues Dios hizo que Cristo, _____, fuera la ofrenda por nuestro pecado, para que nosotros pudiéramos _____ con Dios por medio de Cristo.**

Trata de entender esto. Las oraciones de una persona justa son poderosas. ¡Y Dios te ha hecho justo!

¡Tus oraciones son poderosas! Según las Escrituras, ¡producen resultados maravillosos!

Una ilustración dramática de esta promesa se encuentra entre los cristianos de Rusia. Durante ocho décadas del siglo veinte, los creyentes en ese país experimentaron una persecución sistemática por parte del gobierno comunista. Los maestros de escuela sostenían una Biblia y preguntaban a los estudiantes si habían visto un libro así en sus hogares. Si un estudiante decía que sí, un funcionario del gobierno visitaba a la familia. Pastores y laicos fueron encarcelados, y nunca más se supo de ellos. El Gulag soviético requería que los pastores visitaran sus oficinas una vez por semana para informar sobre cualquier nuevo visitante. Los temas que iban a predicar tenían que ser aprobados.

Este era el mundo en el que un hombre llamado Dmitri practicaba su fe. Él y su familia vivían en un pequeño pueblo, a cuatro horas de Moscú. La iglesia más cercana estaba a tres días de camino, lo que les imposibilitaba asistir a ella más de dos veces al año.

Dmitri comenzó a enseñar a su familia historias y versículos de la Biblia. Los vecinos se enteraron de las lecciones y quisieron participar. En poco tiempo, el grupo creció a veinticinco personas. Los funcionarios oficiales se dieron cuenta de eso y le exigieron que se detuviera. Él se negó. Cuando el grupo llegó a cincuenta personas, Dmitri fue despedido de su trabajo en la fábrica y su esposa de su puesto de profesora. Sus hijos también fueron expulsados de la escuela.

Con todo y eso Dmitri continuó su labor.

Cuando la reunión aumentó a setenta y cinco personas, no había suficiente espacio en su casa. Los aldeanos se amontonaban en cualquier espacio que encontraban y alrededor de las ventanas para poder escuchar las enseñanzas de ese hombre de Dios. Una noche, un grupo de soldados irrumpió en la reunión. Uno de ellos agarró a Dmitri y lo abofeteó en la cara. Luego le advirtió a la gente que no continuaran reuniéndose o les pasaría lo mismo.

Cuando el oficial se volteó para irse, una pequeña abuela se interpuso en su camino y agitó un dedo en su rostro. "Has puesto tus manos sobre un hombre de Dios y NO sobrevivirás".

A los dos días, el oficial murió de un ataque al corazón.

El temor de Dios se extendió y ciento cincuenta personas se presentaron para la próxima reunión en aquella casa. Dmitri fue arrestado y sentenciado a diecisiete años de prisión. Su celda era tan pequeña que solo necesitaba un paso para llegar a cada pared. Era el único creyente entre mil quinientos prisioneros. Los funcionarios lo torturaron y los presos se burlaban de él. Sin embargo, nunca se rindió. Cada mañana, al amanecer, Dmitri se paraba firme al lado de su cama, miraba hacia el este, levantaba los brazos hacia Dios y entonaba una canción de alabanza. Los prisioneros continuaban burlándose, pero con todo y eso él seguía cantando.

Cada vez que encontraba un trozo de papel desechado, garabateaba un versículo o una historia de memoria. Cuando llenaba una hoja de papel, lo llevaba a un rincón de su celda y lo pegaba en una columna húmeda como un ofrenda a Jesús. Los funcionarios rutinariamente veían los papeles, los quitaban y golpeaban a Dmitri. Pero él seguía adorando.

Eso continuó por diecisiete años. Solo en una ocasión estuvo a punto de retractarse de su fe. Los guardias lo convencieron de que su esposa había sido asesinada y que sus hijos estaban bajo la tutela del estado.

Aquello era más de lo que Dmitri podía soportar. De modo que concluyó que renunciaría a su fe en Cristo. Los guardias le dijeron que regresarían al día siguiente con un documento. Todo lo que tenía que hacer era firmarlo y sería puesto en libertad.

Los oficiales estaban seguros de su victoria. Lo que no sabían era esto: cuando los creyentes oran, suceden grandes cosas.

Los creyentes oraban por Dmitri. A mil kilómetros de distancia, esa noche, su familia sintió una carga especial por él, por lo que decidieron orar al respecto. Se arrodillaron en círculo e intercedieron fervorosamente por su protección. Milagrosamente, el Señor permitió que Dmitri escuchara las voces de sus seres queridos mientras oraban.

Él supo que estaban a salvo.

A la mañana siguiente, cuando los guardias fueron a buscar su firma, vieron a un hombre renovado. Su rostro estaba tranquilo y su mirada resuelta. "No voy a firmar nada", les dijo. "En la noche, Dios me permitió escuchar las voces de mi esposa, de mis hijos y de mi hermano orando por mí. ¡Ustedes me mintieron! Sé que mi esposa está viva y físicamente bien. Sé que mis hijos están con ella. Sé que todos ellos todavía están en Cristo. ¡Así que no voy a firmar nada!".

Los oficiales lo golpearon y amenazaron con ejecutarlo, pero la determinación de Dmitri solo aumentó. Siguió adorando por las mañanas y colgando versículos en la columna. Finalmente, las autoridades no pudieron soportarlo más. Arrastraron a Dmitri desde su celda por el corredor en el centro de la prisión hacia el lugar de la ejecución. Mientras hacían eso, mil quinientos criminales levantaron sus manos y comenzaron a entonar la canción de alabanza que habían oído cantar a Dmitri cada mañana.

Los carceleros lo soltaron y retrocedieron. "¿Quién eres tú?".

"Soy un hijo del Dios vivo, Jesús es su nombre". Dmitri fue devuelto a su celda. Algún tiempo después fue puesto en libertad y devuelto a su familia.

Es probable que nunca te encuentres en una prisión rusa, pero es posible que estés en una situación imposible. Te sentirás superado en número y en maniobras. Querrás huir de eso. ¿Podría pedirte, implorarte, que memorices esta promesa y pedirle a Dios que te la recuerde en ese día? Escríbela donde la encuentres. Tatúala, si no en tu piel, al menos en tu corazón:

Cuando un _____ ora, suceden grandes cosas (Santiago 5:16 paráfrasis).

### LA PROMESA DE DIOS

*Cuando ores con fe, te responderé.*

## MI PROMESA

*Haré de la oración mi prioridad y mi pasión.*

La oración tiene un gran poder para provocar cambios trascendentales. Para comprobarlo, considera la historia de Elías. Este profeta vivió durante uno de los tiempos más tenebrosos en la historia de Israel. El reino del norte tuvo diecinueve reyes, cada uno de los cuales era malvado.

Acab fue uno de los reyes más malvados en la historia de Israel. Influenciado por su esposa, se apartó del Dios de Israel para servir a los dioses paganos y gobernó al pueblo con maldad y crueldad. La Biblia incluso dice:

**Nunca hubo nadie como _____ que, animado por Jezabel su esposa, se prestara para hacer lo que ofende al Señor (1 Reyes 21:25-26).**

Acab no se apartó de sus malos caminos, por lo que recibió un ultimátum a través del profeta. El nombre Elías significa: "Mi Dios es Jehová", y el profeta estuvo a la altura de su nombre. Es más, le dio al monarca un informe meteorológico no solicitado. En 1 Reyes 17:1 le dice al rey:

**"Tan cierto como que vive el Señor, Dios de Israel, _____, te juro que no habrá rocío ni lluvia en los próximos años, hasta que _____".**

El ataque de Elías fue bien pensado. Baal era el dios de la fertilidad de los paganos; el dios al que acudían en busca de lluvia y campos fértiles. De modo que Elías llamó a un enfrentamiento: el verdadero Dios de Israel contra el falso dios de los paganos. ¿Cómo podía Elías estar tan seguro de la inminente sequía?

Estaba seguro porque había orado.

Ocho siglos después, las oraciones de Elías fueron utilizadas como modelo por Santiago, uno de los discípulos de Jesús. En el capítulo 5, versículos 16 a18, veamos en paráfrasis lo que Santiago escribió:

Cuando una persona creyente _____, suceden grandes cosas. Elías era un ser humano como nosotros. ¡Él _____ que no llovería, y no llovió sobre la tierra por tres años y medio! Entonces Elías _____, y descendió lluvia del cielo, y la tierra volvió a producir cosechas.

A Santiago lo impresionó el hecho de que una oración tan poderosa procediera de una persona tan común. Elías era "un ser humano como nosotros", pero sus oraciones fueron escuchadas porque oró, no con elocuencia sino con fervor. Esa no fue una oración casual ni cómoda, sino una oración radical. "Elías oró, "y descendió lluvia del cielo".

Acab convocó en el monte Carmelo a todos los israelitas y a los profetas. Elías se presentó ante el pueblo y dijo:

—¿Hasta cuándo van a _____? Si el Dios verdadero es el Señor, deben seguirlo; pero, si es Baal, síganlo a él. El pueblo _____ (1 Reyes 18:20-21).

La palabra "indecisos" es el término hebreo exacto que se usa más tarde para "brincos" (v. 26). *¿Cuánto tiempo van a estar* *brincando? Brincan con Dios, luego con Baal, ¿hasta cuándo continuará esto?*

Lo que sucede a continuación es una de las mejores historias de la Biblia. Elías les dijo a los cuatrocientos cincuenta profetas de Baal: Ustedes tienen un buey; yo tengo otro. Construyan un altar. Yo construiré otro. Pídanle a su Dios que envíe fuego, yo le pediré a mi Dios que envíe fuego. El Dios que responda por fuego es el Dios verdadero. Los profetas de Baal estuvieron de acuerdo y empezaron a hacer su tarea.

Al mediodía, Elías comenzó a burlarse de ellos. "¡Griten más fuerte! —les decía—. Seguro que es un dios, pero tal vez esté meditando, o esté ocupado o de viaje. ¡A lo mejor se ha quedado dormido y hay que despertarlo!". Comenzaron entonces a gritar más fuerte y, como era su costumbre, se cortaron con cuchillos y dagas hasta quedar bañados en sangre. Pasó el mediodía, y siguieron en este trance profético hasta la hora del sacrificio vespertino (ver 1 Reyes 18:27-29).

El profeta continuó burlándose de ellos. Elías no era muy bueno con la diplomacia. Aunque los profetas se cortaron y deliraron toda la tarde, no pasó nada. Entonces dijo: "No se escuchó nada, pues nadie respondió ni prestó atención. Su dios estaba en silencio". Finalmente, Elías pidió su turno.

Llamó a todos los presentes y la multitud se reunió alrededor. Entonces Elías hizo esta poderosa oración:

**"Señor, Dios de Abraham, de Isaac y de Israel, que todos sepan hoy que tú eres _____, y que yo _____ y he hecho todo esto en _____. ¡Respóndeme, Señor, respóndeme, para que esta gente reconozca que tú, Señor, eres Dios, y que estás _____ _____!" (1 Reyes 18:36-37).**

Observa lo rápido que Dios respondió.

Los siguientes versículos dicen:

"En ese _____ cayó el fuego del Señor y quemó el holocausto, la leña, las piedras y el suelo, y hasta lamió el agua de la zanja. Cuando vieron esto, todos se postraron y exclamaron: _____ " (1 Reyes 18:38-39).

No hubo ninguna petición de fuego, solo se reveló el corazón del profeta y "¡Puf!" el altar ardió en llamas. Dios se deleitó con la oración de Elías. Y también se deleita con la tuya.

No debemos perder la esperanza puesto que siempre podemos recurrir a la oración. Pero *por qué*, nos preguntamos. ¿Por qué tendrían que ser importantes nuestras oraciones? Si nadie nos contesta, ¿por qué tendría que respondernos Dios? Simple. A Dios le interesan tus oraciones porque tú le importas a él. No eres cualquier cosa; eres su hijo.

Dios anhela que le pidan lo que anhela dar.

¿Hará él lo que queremos? Unas veces sí y otras no. Pero incluso cuando dice "No", dice "Sí". Puede que no le guste nuestra idea, pero aun así le agradamos. Le encanta que le pidan ayuda. Deja que tus oraciones sean escuchadas.

Él escuchará la tuya también.

Recuerda la promesa de Santiago 5:16:

**Cuando una persona creyente ora, suceden grandes cosas (Santiago 5:16).**

Dios ama las oraciones audaces, y así como se deleitó y respondió a las oraciones de Elías, también responderá a las nuestras.

Así que hagamos de esta nuestra promesa: Haré de la oración mi prioridad y mi pasión.

## PREGUNTAS PARA LA REFLEXIÓN

1. Leemos en Santiago 5:16 que las oraciones de una persona justa producen grandes resultados. ¿Eres justo? ¿Por qué?

_____

_____

_____

_____

_____

2. ¿Qué hizo que las oraciones de Elías se diferenciaran de las de los profetas de Baal?

_____

_____

_____

_____

3. ¿Cómo harás para que la oración sea una prioridad y una pasión para ti? ¿Qué pasos puedes dar hoy?

_____

_____

_____

_____

## ORA LA PROMESA

*Padre, realmente quiero aprender a orar.*

*Deseo hablar contigo de padre a hijo.*

*Te llaman "Abba" en las Escrituras: "Papi".*

*Ayúdame a aprender a acudir a ti como mi Papi,*

*Consciente de que quieres dar cosas buenas*

*en beneficio de tus hijos.*

*A medida que crezca en la confianza, ayúdame con mis oraciones*

*a sentir pasión y llenarme de fe.*

*Amén.*

## CAPÍTULO 13

## DIOS DA GRACIA A LOS HUMILDES

Cuando no estaba volando en su jet privado a través del Atlántico o viendo las puestas de sol desde la cubierta de uno de sus yates, llevaba una vida de lujo dentro de su pent-house de casi mil metros cuadrados en Lexington Avenue, en la ciudad de Nueva York. Su yate costó siete millones de dólares. Su jet, veinticuatro millones. Tenía una casa en Francia, otra en la playa de Montauk y otra en Palm Beach. Tenía barcos y automóviles. Su esposa tenía pieles y bolsos de diseñadores, porcelana Wedgewood y platería Christofile. En cuanto a decoración, no reparaba en gastos. Apliques dorados cubrían el papel tapiz. Alfombras de Asia Central cubrían los pisos.

Las estatuas griegas y egipcias competían por la aprobación de los invitados.

Todos querían conocerlo. La gente hacía fila para estrecharle la mano, gente como Stephen Spielberg y Elie Wiesel. Su oficina de Manhattan era el epicentro del éxito de las inversiones.

O, al menos, eso parecía.

Sin embargo, llegó la mañana del 10 de diciembre de 2008. Fue entonces cuando terminó la farsa. Fue entonces cuando Bernie Madoff supo que lo habían atrapado. Fue entonces cuando el estafador más infame de esta generación se sentó con su esposa y sus dos hijos, y les confesó: "Todo es mentira. Todo era un gigantesco esquema Ponzi".

En el transcurso de los siguientes días, semanas y meses, los asombrosos detalles se hicieron de conocimiento público.

Madoff había planeado un juego engañoso por veinte años, el delito financiero más grande en la historia de Estados Unidos.

Había estafado a personas ricas y pobres por igual, con miles de millones de dólares.

Su colapso fue de proporciones bíblicas. En poco tiempo fue despojado de todo. Nada de dinero. Ni futuro. Ni familia. Uno de sus hijos se suicidó. El otro se cambió el apellido. Su esposa se aisló. Y Bernie Madoff, de setenta y cuatro años, fue sentenciado a pasar el resto de su vida como el prisionero número 61727054 en el complejo penitenciario federal de Butner, Carolina del Norte.

¿Por qué hizo eso? ¿Qué hace que un hombre viva una mentira por tantas décadas? ¿Cuál fue la compensación para Madoff?

En pocas palabras, quería estatus.

Según un biógrafo, "Madoff fue despreciado y humillado cuando era niño por... su intelecto inferior... rechazado por una chica tras otra... relegado a clases inferiores y escuelas sin prestigio... pero sobresalía en hacer dinero y, con este, alcanzó el estatus que una vez lo evadió".

*Estatus*. Madoff era adicto a la adulación. Estaba seducido por el reconocimiento. Quería el aplauso de la gente y el dinero era su forma de ganárselo. Se abrió camino a codazos y zarpazos hasta la cima de la montaña, solo para descubrir que su cima es resbaladiza y está llena de gente compitiendo por lo mismo.

Si solo hubiera conocido esta promesa:

**Dios se opone a _____, pero da gracia a los _____ (1 Pedro 5:5).**

El orgullo es engañoso, ¿no te parece? Nos da una visión de túnel para que veamos todo a través del lente del "yo". Enfocamos la atención en nosotros mismos. Los egocéntricos ven todo a través de sí mismos. ¿Su lema? "¡Todo tiene que ver conmigo!". El horario de vuelo, el tráfico, los estilos de vestir, las maneras de adorar, el clima, el trabajo, todo se filtra a través del lente del mini-YO.

Creemos que somos más grandes que la vida y que sabemos más que los demás.

Dios se opone al orgullo. Pero usa a los que caminan en humildad. Dios ama la humildad. Jesús les dijo a sus seguidores: "Bienaventurados los humildes, porque ellos heredarán la tierra". Dios puede hacer mucho a través de alguien que manifiesta un corazón humilde ante él.

Hace algún tiempo me asocié con el músico Michael W. Smith para celebrar un fin de semana ministerial en una hermosa instalación propiedad de la Asociación Billy Graham. Unas horas antes del evento, Michael y yo nos reunimos para repasar el programa del fin de semana. Pero Michael estaba tan conmovido por lo que acababa de experimentar que apenas habló de la actividad. Acababa de reunirse con Billy Graham con el fin de planificar el funeral del reverendo Graham. El famoso evangelista tenía, en ese momento, 94 años. Estaba confinado a una silla de ruedas, con oxígeno. Su mente era aguda y tenía el ánimo elevado. Pero su cuerpo estaba viendo sus últimos días. Así que llamó a Michael. Y también a su pastor. Quería hablar de su funeral. Así que les dijo que tenía una petición.

—Lo que quieras —le aseguraron.

¿Cuál fue su pedido? Fue el siguiente:

—¿Podrían no mencionar mi nombre?

—¿Qué?

—¿Serían capaces de no indicar mi nombre? Solo mencionen el nombre de Jesús.

Billy Graham predicó a más de mil millones de personas. Llenó estadios en todos los continentes. Aconsejó a casi todos los presidentes estadounidenses del último medio siglo. Estaba constantemente en la parte superior de todas las listas de los más admirados. Sin embargo, quería que no lo mencionaran en su propio funeral. Quería que todo la honra y la atención fueran para Dios. Ese fue un hombre humilde, un hombre que puso el reino de Dios antes de todo.

Él es una imagen de la promesa que Dios nos hace a todos. 1 Pedro 5:5 es un llamado a la humildad:

Dios se opone a _____, pero da gracia a los _____.

## LA PROMESA DE DIOS

*Yo recompenso la humildad.*

## MI PROMESA

*Buscaré la humildad.*

Los reinos terrenales vendrán y se irán. Las empresas humanas subirán y caerán. Los esfuerzos de la humanidad parecerán durar para siempre, pero no lo harán. El reino de Dios, sin embargo, es un reino eterno. En el año 609 a. C., el rey Nabucodonosor derrocó a Jerusalén y llevó cautivos a muchos hebreos. Entre esos cautivos estaban un joven llamado Daniel y sus tres amigos Sadrac, Mesac y Abed-nego.

La Biblia dice que Daniel determinó en su corazón no seguir el mismo camino que los que lo rodeaban y animó a sus amigos a hacer lo mismo. Honraba a los que tenían autoridad sobre él, pero se mantuvo firme en lo que creía. Aunque era un esclavo en lo natural, no podían encadenar ni cambiar su espíritu. Daniel 5:3 nos dice:

**Tenía favor porque era** _____ **y tenía** _____. **Los que estaban en autoridad se dieron cuenta y él comenzó a ganar** _____ **de todos los que lo conocían.**

El rey Nabucodonosor podría haber aprendido una lección de ese joven hebreo.

Sin embargo, estaba orgulloso de sí mismo. Tanto es así que construyó una estatua dorada de sí mismo de treinta metros de altura, en su honor, y ordenó a la gente que se inclinara ante ella. ¡Eso habla de ego! Los jóvenes judíos se negaron a inclinarse ante cualquier dios que no fuera el suyo, por lo que el rey calentó el horno siete veces más de su temperatura normal y los arrojó al fuego. Cuando salieron sin ni siquiera oler a humo, se asombró. Pero, ¿acaso se humilló el rey Nabucodonosor?

Tristemente no.

Pasaron veinte o treinta años. Nabucodonosor estaba disfrutando de un tiempo de paz y prosperidad. La ciudad de Babilonia era inmensa. Sus enemigos estaban a raya. Su riqueza estaba segura. Sin embargo, en medio de todo eso, tuvo un sueño. Sus adivinos no pudieron explicarlo, así que llamó a Daniel, que había interpretado sus sueños en el pasado:

Le contó que en su sueño había visto un árbol enorme tocando el cielo. Un hermoso árbol lleno de frutos que daba cobijo a todos los animales y pájaros de la tierra. Continuó describiendo la manera en que un mensajero del cielo cortó el árbol. Se podaron sus ramas y se esparcieron los frutos. Solo quedó un tocón. La voz del cielo entonces hizo un pronunciamiento:

"Deja que se empape con el rocío del cielo, y que habite con los animales y entre las plantas de la tierra. Deja que su _____ humana _____ y se vuelva como la de un _____, hasta que hayan transcurrido siete años" (Daniel 4:15-16).

Daniel escuchó el sueño y tragó saliva. Lo que escuchó lo dejó asombrado y preocupado. Así que le dijo:

"Su Majestad, es como sigue: Usted será apartado _____ y habitará con los animales salvajes; comerá pasto como el ganado, y se empapará con el rocío del cielo. Siete años pasarán hasta que Su Majestad reconozca que el _____ de todos los reinos del mundo, y que se los entrega a quien él quiere ... La orden de dejar el tocón y las raíces del árbol quiere decir que Su Majestad recibirá nuevamente el reino, cuando _____ que el verdadero reino es el del cielo" (Daniel 4:24-26).

Nabucodonosor pensó que tenía el control. Creía que dirigía su mundo; tal vez al mundo entero. ¡Ningún reino fue más grande que el suyo! ¡Ningún rey más grande que él! El sueño que tuvo tenía la intención de enseñarle que el Dios altísimo era soberano sobre todos los reinos de la tierra, y que era este quien podía levantar y derribar reyes y reinos.

Daniel instó al monarca a arrepentirse para que su reino y la prosperidad pudieran continuar. Pero, ¿cambió eso a Nabucodonosor?

Doce meses después, mientras el soberano caminaba sobre el techo del palacio real de Babilonia, miró el reino que lo rodeaba y proclamó grandilocuentemente:

"¡Miren la gran Babilonia que he _____ como capital del reino! ¡La he construido con mi _____, para _____ honra!" (Daniel 4:29).

Ah, mira la proliferación de pronombres. "*He* construido...", "...*mi* poder", "...*mi* majestad". Todo tenía que ver con él como rey. Dios le había dado un año para que bajara de su pomposo trono. Era obvio que se había mantenido impasible en su posición arrogante y orgullosa. Pero un trono construido sobre una base de orgullo es inestable y peligroso.

Daniel capítulo 4, versículo 30, lo cuenta de esta manera:

"No había terminado de hablar cuando se escuchó una voz que _____: 'Este es el decreto en cuanto a ti, rey Nabucodonosor. Tu _____ se te ha quitado. Serás apartado de la gente y vivirás entre los animales salvajes; comerás pasto como el ganado'".

El rey se convirtió en una versión antigua de Howard Hughes: uñas en forma de sacacorchos, pelo alborotado, una apariencia animal. Cuando los poderosos caen, el desplome es terrible. En un instante estaba en la portada de la revista Time y, al siguiente, fue desterrado como una criatura salvaje. Y nos quedamos con una lección: *Dios odia el orgullo*.

Proverbios 26:12 nos dice:

¿Te has fijado en quien _____ sabio? Más se puede esperar _____ que de gente así.

Dios resiste a los soberbios porque los soberbios lo resisten a él. La arrogancia endurece la rodilla para que no se arrodille, endurece el corazón para que no admita el pecado. El orgullo es el filón escondido que naufraga el alma. El orgullo no solo impide la salvación que Dios regala, también impide la reconciliación con las personas. ¿Cuántos matrimonios se han derrumbado bajo el peso del insensato orgullo? ¿Cuántas disculpas han quedado sin darse, nacidas de la falta de humildad? ¿Cuántas guerras han brotado del pedregoso suelo de la soberbia?

El orgullo tiene un alto precio. No lo pagues, por favor.

En vez de eso, decide apoyarte en la oferta que te hace la gracia.

En la misma medida en que Dios odia la arrogancia, ama la humildad. ¿Acaso no es fácil ver por qué eso es así? La humildad se complace en hacer lo que el orgullo no se atreve a hacer. El corazón humilde reconoce rápidamente la necesidad de Dios, se alegra al confesar el pecado, está dispuesto a arrodillarse ante la mano poderosa del cielo.

Daniel fue uno de esos hombres. Ninguna promesa de éxito, ninguna amenaza de muerte, podría moverlo de su postura humilde ante Dios.

Dios era primero para él.

El rey Nabucodonosor al fin aprendió esta lección. Tuvieron que pasar siete años, pero entendió la lección.

Al final de ese tiempo, Nabucodonosor levantó los ojos al cielo y recobró la cordura. Luego alabó a Dios, declarando:

**"Por eso yo, Nabucodonosor, _____ al Rey del cielo, porque siempre procede con rectitud y justicia, y _____ capaz de _____" (Daniel 4:37).**

El rey por fin aprendió lo que Daniel entendió: Que Dios resiste a los soberbios pero da gracia a los humildes.

Tú y yo podemos ser como Daniel, al responder a la promesa de Dios con nuestra propia promesa:

"Buscaré la humildad".

## PREGUNTAS PARA LA REFLEXIÓN

1. ¿Por qué crees que el orgullo es un pecado tan grave ante los ojos de Dios?

_____

_____

_____

_____

_____

2. ¿En qué forma definirías la humildad? ¿Cómo identificas a una persona humilde?

_____

_____

_____

_____

_____

3. ¿Cuál es tu mayor desafío en la búsqueda de la humildad?

_____

_____

_____

_____

_____

## ORA LA PROMESA

*Jesús, tú eres el modelo de la humildad.*

*Dejaste tu lugar en el cielo al lado del Padre*

*Para venir a vivir entre nosotros y morir como un criminal*

*por nuestros pecados.*

*Enséñame por tu Espíritu Santo a tener este mismo espíritu de humildad,*

*buscando tu voluntad y tu gloria en todo lo que hago.*

*Amén.*

## CAPÍTULO 14

## DIOS HACE QUE TODAS LAS COSAS SEAN PARA BIEN

El nombre del personaje es Bernie Lootz. En la película, Bernie, apodado "el Cooler", es el tipo con más mala suerte en el mundo. Nada le sale bien. Vive en un motel sombrío, deteriorado y lleno de pulgas cercano al Boulevard de Las Vegas. Tiene tanta mala suerte que el gerente de un casino lo contrata para que trabaje como "cooler", nombre que se le da al individuo que se encarga de reducir la racha de buena suerte de los jugadores en una mesa de juegos de azar. Su trabajo es encontrar jugadores que tengan una buena racha para influenciarlos de forma que les contagie el aura de su mala suerte.

Y dio buenos resultados.

Un tipo en la mesa de juego estaba haciendo una fortuna. Pero apareció Bernie y la suerte empezó a desaparecer; tanto que se quedó paralizado. Los jugadores de póquer que tienen una buena racha empiezan a recibir malas cartas de repente cuando aparece un "cooler".

Shelley, su amigo y gerente del casino, le puso un apodo a Bernie: "criptonita ambulante".

Tal vez te sientas como Bernie. La vida es como una mala noche en Las Vegas. Tu destino está en manos de los dados y eso no te favorece en nada. Sin sietes de la suerte, sin ojos de serpiente, sin grandes ganancias. No puedes conseguir una oportunidad. El comité está considerando cambiar el nombre de la Ley de Murphy (que plantea que si algo malo puede ocurrir, será por culpa tuya) por tu desempeño. No consigues trabajo. Siempre eliges el carril contrario. No consigues a la chica que te gusta. Siempre estás en el lugar equivocado en el momento equivocado. Tu pan con mantequilla siempre se te cae. Constantemente te sientes como el niño que acaba de perder el autobús.

140

¿Alguna vez has tenido una situación que no salió como esperabas? ¿No parecía que pudiera salir nada bueno de ello? Bueno, tengo una promesa asombrosa para ti:

Romanos 8:28 dice:

**Dios dispone todas las cosas para _____ de quienes lo aman.**

Mi amigo Roy estaba sentado en un banco del parque, una mañana, mientras observaba a un pequeño que trataba de subir al autobús escolar que se detuvo a pocos metros de distancia. El chico estaba inclinado intentando, frenéticamente, "desatar" el nudo de un cordón de sus zapatos. Pero fue demasiado tarde, la puerta del bus se cerró. El pequeño cayó de nuevo sobre sus talones y suspiró. Entonces vio a Roy. Con lágrimas en los ojos, miró al hombre que estaba en el banco, se dirigió a él y le preguntó: "¿Sabe desatar nudos?".

Algunas veces parece que la vida está llena de "nudos" enredados y fastidiosos, ¿no es así? NO vas a salir de ese lugar en el que estás estancado. NO obtendrás el ascenso. NO te aceptarán en el programa. NO te recibieron en el equipo. No perteneces aquí. ¿Qué NUDOS te están impidiendo avanzar?

A Jesús le encanta la petición de ese niño. La vida es enredada. Nos atascamos en la vida. Perdemos el autobús. Pero Jesús tiene una forma de aparecer en los momentos en que lo necesitamos para que desenrede los nudos de los obstáculos que parecen imposibles.

La barca de Pedro estaba vacía.

Lázaro estaba dos metros bajo tierra.

Los discípulos tenían siete mil personas que alimentar y solo una cesta de pan y otra de pescado.

Pero… mira quién acaba de aparecer… ¡Jesús!

¿Alguna vez has notado todos esos momentos en los que se dice que "algo sucedió" en la Biblia?

*Algo sucedió* que José terminó en la misma celda con el hombre que podía defender su caso ante el rey. *Algo sucedió* que Rut tuvo que recoger trigo en el campo de Booz, el hombre que podía redimir a su familia. *Algo sucedió* que David fue enviado al campo de batalla cuando Goliat estaba amenazando a Israel. *Algo sucedió* que el pez que Pedro atrapó resultó que tenía una moneda en la boca para pagar los impuestos, como Jesús dijo que sucedería. Y *algo sucedió* que Jesús resucitó de entre los muertos al tercer día después de su crucifixión, exactamente como lo predijo la Escritura.

En todos esos casos, las cosas no iban muy bien hasta que Dios apareció en escena. Pero ese es el Dios al que servimos. El que puede inclinarse y desenredar nuestros nudos sin importar cuán enredados puedan estar.

Todos pasamos por temporadas difíciles. Temporadas que a veces no se pueden explicar. Preguntar por qué ocurren es inútil. Preguntar cuánto tiempo tardarán no tiene sentido. Pero HAY una luz brillante de revelación en este lugar oscuro.

David lo abordó en el Salmo 23:

**Aun si voy por** _____, **no temo peligro alguno, porque** _____.

Es posible que no veamos por qué estamos atravesando esa temporada. Es posible que no sepamos cuánto dura el camino que nos lleva hasta la luz del otro extremo. Pero lo que sí sabemos es que él está con nosotros.

No estamos caminando solos. No nos deja caminar solos por lugares intrincados. No, hay Uno que ha recorrido el camino antes que nosotros y lo conoce. Él nos acompaña a través de ese camino intrincado hasta el otro lado. Y, debo agregar, ¡actúa como un gran compañero en el camino! Él está animándonos, enseñándonos y fortaleciéndonos.

## LA PROMESA DE DIOS

*Haré que todas las cosas sean para bien de los que me aman.*

Esto nos da una esperanza inquebrantable a través de cada temporada, tanto así que no importa por lo que estemos pasando, podemos estar seguros de que él obrará para bien.

## MI PROMESA

*Haré lo correcto y confiaré el resultado a Dios.*

Era el siglo quinto antes de Cristo. La ciudad era Susa, capital del imperio persa. Los israelitas habían estado viviendo en la región por más de cien años. Una vez prisioneros, ahora eran libres.

Y aquí encontramos a una hermosa joven hebrea llamada Ester. Ella quedó huérfana cuando era niña y fue criada por su tío Mardoqueo. Pronto tendría el papel principal en una historia de prejuicios, heroísmo y sacrificio.

El villano de esta historia es Amán. Este hombre despreciaba a los israelitas, los cuales estaban esparcidos por las 127 provincias del imperio persa. Pero, en particular, se ensañó contra un israelita que se negó a inclinarse ante él cuando pasó. Este israelita era el tío de Ester, llamado Mardoqueo.

Amán fue ante el rey Jerjes y lo convenció de que los israelitas eran malas personas, y que debían ser eliminados por el bien del reino. Le sugirió que emitiera un decreto oficial por el que daba permiso a los persas para matar a cualquier hebreo que se encontraran en un día específico. Para incentivar tal violencia, los persas podían quedarse con todas las posesiones de la familia que destruyeran. Así que se legalizaron los linchamientos y los saqueos.

El rey estuvo de acuerdo con la idea, por lo que selló el trato con su anillo real. El anillo se usaba para presionar una porción de cera caliente sobre el documento y darle así carácter real al decreto. Era un plan inalterable. Ni siquiera el rey podía modificarlo. Amán estaba seguro de que iba a poner en marcha su venganza.

Sin embargo, se estaba desarrollando otra historia que al fin chocaría —en una manera colosal— con el argumento de Amán.

El rey Jerjes organizó una fiesta enorme y lujosa que duró siete días completos para mostrar su riqueza y poderío. El monarca, completamente borracho, decidió presumir de su bella reina. De modo que la llamó para que se presentara vestida con su túnica real. La reina Vasti se negó a tal cosa. Eso avergonzó mucho al rey, que ardió de ira. Por tanto, emitió un decreto formal para que Vasti fuera despojada de su condición de reina y nunca más entrara en su presencia.

Era hora de encontrar una nueva reina. Así fue que todas las mujeres jóvenes y hermosas del reino fueron llevadas al palacio, una por una, para pasar una noche con el rey. Era una especie de versión antigua del programa televisivo "The Bachelor", que se transmite por la televisión estadounidense.

La joven seleccionada fue Ester, la chica hebrea huérfana que fue criada por su tío Mardoqueo. Sí, Mardoqueo, el mismo hombre al que Amán odiaba tanto. Sin embargo, nadie hizo la conexión entre esos acontecimientos puesto que Ester mantuvo su nacionalidad oculta.

Ester fue coronada como reina. Pero su pueblo pronto sería destruido. El tiempo se estaba acabando. Mardoqueo envió un mensaje a su sobrina en el que le decía que debía ir ante el rey y suplicarle que tuviera misericordia con su pueblo antes de que fuera demasiado tarde.

Ella le recordó a su tío Mardoqueo que aunque era reina no podía, simplemente, presentarse ante el rey sin que este la invitara. Ella debía ser convocada. La reina podría hasta perder su vida y, ciertamente, su posición por jugar con esa regla real.

Mardoqueo respondió con una declaración digna de una película de Hollywood: Le dijo:

**"No te imagines que por estar _____ serás la única que escape con vida de entre todos los judíos. Si ahora te quedas absolutamente callada, de otra parte vendrán _____ para los judíos, pero tú y la familia de tu padre _____. ¡Quién sabe si no has llegado al trono precisamente para _____!"** (Ester 4:13-14).

Y para el caso nuestro es lo mismo. La victoria final que Dios nos concede es segura. ¿No es esta la promesa que se nos hace en Romanos 8:28?

**Dios dispone todas _____ para el bien de quienes _____.**

Habrá decretos y asesinos en el camino. Pero Dios triunfará. Habrá tiempos oscuros y batallas. La pregunta no es si él ganará. Lo que debemos preguntarnos es si nos uniremos a su equipo.

Ester tomó su decisión.

**"Me presentaré ante _____, por más que vaya en contra de la ley. ¡Y, si _____, que perezca!** (Ester 4:16).

Como la norma legal del rey era que la audiencia solo se efectuaba por invitación, solo había una esperanza para alguien que se atreviera a entrar sin ser invitado. El rey tuvo que extender su cetro de oro a favor de la visita. Una reina ya había sido despedida. Ester podría ser la siguiente. Durante tres días, Ester oró pidiendo favor hasta que entró en la sala del trono sin ser convocada. Tal vez Jerjes estaba de buen humor, quizás se sintió atraído por su belleza o, es posible que, amaba de verdad a Ester. Cualquiera que fuera la razón, no solo la recibió con el cetro extendido, sino que le dijo que pidiera lo que quisiera, hasta la mitad del reino.

Ester solicitó una pequeña cena con el rey y con Amán. El rey estuvo de acuerdo y la reunión se celebró esa misma tarde.

Amán fue a su casa con arrogancia. Sintiendo un gran impulso, Amán decidió levantar una estaca de veinticinco metros de altura, con la intención de obtener el permiso del rey para empalar a Mardoqueo en ella. Entonces, la estaca se elevó con total anticipación.

Pero sucedió que el rey tuvo problemas para dormir esa noche. No tenía ovejas que contar ni NyQuil para tomar, por lo que hizo que un sirviente le leyera un libro que contenía un registro diario de todo lo que había sucedido bajo su reinado: las Crónicas de Jerjes. En la lectura, se encontraron con un registro que hablaba de un momento en que nada menos que Mardoqueo delató a dos villanos de la corte del rey que estaban planeando su asesinato. Jerjes preguntó si había hecho o no algo para honrar a Mardoqueo por ese acto heroico. El siervo respondió que no se había hecho nada al respecto.

A la mañana siguiente, cuando Amán llegó al palacio para hacer su pedido, el rey le hizo una pregunta. "¿Qué debe hacer el rey para honrar a alguien que le ha traído gran deleite?". El arrogante Amán supuso que el rey se refería a él, por lo que sugirió que esa persona fuera vestida con túnicas reales y conducida por las calles de la ciudad para que la elogiaran.

El rey le dijo: "¡Buena idea! Quiero que vayas a buscar a Mardoqueo, le pongas la túnica y que lo lleves personalmente por la ciudad en mi limusina".

¿Te imaginas la sensación de malestar que sentiría Amán en el estómago? El tipo salió del palacio para cumplir con aquella espeluznante misión. Ese no parecía ser el mejor momento para obtener el permiso —que tanto deseaba— para empalar a Mardoqueo en la estaca de veinticinco metros.

Después del desfile privado de un solo personaje, llegó la hora de cenar con el rey. En plena comida, Ester le pidió al rey que salvara a su pueblo, los israelitas, del exterminio venidero. Esa fue la primera vez que le reveló su nacionalidad a alguien. El rey preguntó quién ordenaría tal ataque contra su reina y su pueblo, a lo que Ester contestó: "El que está sentado a tu lado: ¡Amán!".

El rey decidió empalar a Amán en la misma estaca que había sido preparada para Mardoqueo.

A Mardoqueo se le dio la posición de Amán y su patrimonio.

La primera tarea de Mardoqueo fue tratar con el edicto irreversible que Amán puso en marcha para ejecutar a todos los judíos. Mardoqueo consiguió la aprobación del rey para enviar otro edicto que permitiera a los judíos defenderse. Fue lo mejor que pudo hacer.

Las personas no judías de las 127 provincias del imperio persa atacaron a individuos y familias judías con la codiciosa esperanza de saquear sus posesiones. ¡Pero los israelitas estaban listos y en los siguientes días derrotaron a 75.800 personas! En medio de un tiempo tenebroso y turbulento, Dios usó a Ester para darle un giro a la situación.

¿Estás enfrentando, en este momento, una situación que parece oscura? ¿Complicada? ¿Sin esperanza?

Aprovecha el consejo de Mardoqueo y de Ester, y pon tu esperanza en esta promesa: Dios, definitivamente, ganará.

*… Dios dispone todas las cosas para el bien de quienes lo aman …* (Romanos 8:28).

A causa de esa promesa, podemos asegurar que: Haré lo correcto y confiaré que Dios me dará el mejor resultado.

## PREGUNTAS PARA LA REFLEXIÓN

1. Cuando Dios dice que hará que todas las cosas sean para bien de los que lo aman, ¿significa eso que las cosas saldrán como queremos?

_____

_____

_____

_____

2. La responsabilidad de Dios es ver que todas las cosas cooperen para bien. ¿Cuál es nuestra responsabilidad? ¿Cómo vivimos eso a diario?

_____

_____

_____

_____

_____

3. ¿En qué manera podría usarte Dios, como a "Ester", para ayudar a otros?

_____

_____

_____

_____

## ORA LA PROMESA

Dios Padre, me das una esperanza inquebrantable en cada temporada.

No importa por lo que pase, puedo estar seguro de

que estás trabajando con todo para mi bien.

Ayúdame a mantener mi corazón tierno contigo, pese a las circunstancias.

Que mis acciones sean justas y rectas a tus ojos.

Te confío mi futuro,

porque sé que tus planes para mí son buenos.

Amén.

# CAPÍTULO 15

## TUS MEJORES DÍAS ESTÁN POR VENIR

Hace varios años, cuando nuestros hijos eran pequeños, viajamos a la ciudad de Nueva York para ver el Desfile del Día de Acción de Gracias de Macy's. Llegamos el martes, lo que puede haber sido un error. Un día completo, el miércoles de compras y turismo, nos dejó tan cansados que nos quedamos dormidos el jueves por la mañana.

Me desperté cuando el desfile pasaba por una avenida cercana. Los chicos estaban profundamente dormidos. Consciente de que no había esperanza de tenerlos listos, decidí filmar la parada. Corrí calle abajo solo para encontrar las señales de un desfile que ya había terminado: vasos de refrescos en las aceras, serpentinas en la calle y barrenderos limpiando aquel desorden.

Miré hacia el camino del desfile y lo único que pude ver, a lo lejos y al final de la celebración que desaparecía, fue la parte inferior de un globo caricaturesco flotando en el aire. Suspiré y pensé: "Todo este esfuerzo que he hecho y lo único que conseguí es una foto de lo último de ese globo".

Tal vez te ocurra lo mismo. Crees que el desfile ya ha pasado. Y tal vez todo lo que puedas ver en el momento es algo que se parece más a la parte inferior que a la parte superior de lo que la vida tiene que brindarte. Pero quiero que entiendas algo. Incluso en estos tiempos difíciles en los que nada parece salir como lo planeaste, Dios está obrando. Y, además, no te ha olvidado.

¿Alguna vez has creído que tus mejores días ya pasaron? Desde el hombre de negocios que recuerda sus días de gloria en la universidad, hasta la chica que todavía se lamenta por su primer y perdido amor de la escuela secundaria, es fácil quedarse atrapado en el ayer. Pero tengo una garantía hermosa y confiable para ti, Hageo 2:9 promete:

**La gloria _____ de esta casa será mayor que la _____ .**

A veces él permite que nos sucedan circunstancias difíciles para que no lo olvidemos. A veces la vida tiene que reducirse a excremento de cerdo y tripas de ballena para que dirijamos nuestra atención a Dios.

El hijo pródigo puede hablarte sobre la basura del cerdo. La olió, la palpó y la sirvió. Es posible que hasta la haya probado. En una de las historias más conocidas de Jesús, este describió la experiencia de una porqueriza que cuidaba un hijo muy terco. El tipo, nacido en una familia privilegiada, exigió su herencia antes de la muerte de su padre. Se fue con el dinero a un lugar equivalente a Las Vegas de hoy. A los pocos días, estaba hablando por su nombre de pila con el gerente del casino. En unos pocos más, estaba arruinado y en busca de un trabajo. Encontró uno: alimentando cerdos. El salario debe haber apestado tanto como los cerdos, porque el hijo pronto estaba babeando sobre los excrementos de los puercos. Consideró seriamente tomar un lugar en el comedero y empezar a alimentarse con los animales.

Es probable que fue en ese momento cuando recobró el sentido y volvió a encarrilarse con su vida.

Pero, tuvo que estar en medio del excremento de los cerdos para llegar a esa conclusión.

Y para conseguir la atención de Jonás se necesitaban agallas de ballena. Jonás tenía un problema con el llamado de Dios a su vida. Dios lo envió a predicarles a los ninivitas y él no quiso ir. Que se enfrentaran al fuego y olieran a azufre que a él no le importaba eso. Jonás no estaba dispuesto a ayudar a un grupo de extranjeros. Dios respondió sacando de circulación a Jonás por un tiempo; lo colocó por tres días en el sistema intestinal de un gran pez. La ballena no pudo soportar a Jonás por más tiempo que eso. Lo siguiente que el profeta supo fue que estaba en la playa, chorreando agua salada y jugos gástricos. Así fue que entendió el asunto y volvió a la normalidad.

El pródigo y los cerdos. Jonás y el pez. Se encontraron cara a cara con algunos tiempos bastante deprimentes. Pero no fueron olvidados. Al contrario, estaban siendo redirigidos a algo mejor.

De modo que, ¿cómo llama Dios nuestra atención cuando no le damos la nuestra?

De acuerdo a una página de su libro de estrategias: él podría dejarnos morar con cerdos malolientes y hundirnos en el vientre de una ballena. Por eso, puedes pasar por una sequía, una recesión o una dificultad. Todos hemos pasado por tiempos así: ese frío en un rincón de la oficina, un bajón en la cuenta de ahorros, un tornado en la casa. Una sensación de futilidad persistente que simplemente no puedes sacarte de encima. Siembras mucho, pero pareces cosechar poco. Comes, pero nunca te sientes lleno. Bebes pero no te sacias. Te abrigas, pero no sientes calor. Ganas buen salario, solo para verlo desaparecer. No te va bien en la vida. Tus mejores esfuerzos se derrumban como castillos de arena en un tsunami.

Seamos cuidadosos. No necesitamos atribuir cada contratiempo ni cada lucha a la disciplina de Dios. No hay necesidad de ponernos filosóficos en cada semáforo en rojo o ante cada dolor de cabeza. Hay, sin embargo, épocas de lucha ordenada por Dios, tiempos de vacío total. Esos días existen, pero tienen un propósito: hacer que nuestros corazones se tornen hacia la casa de Dios. Cuando nada sacie nuestra sed más profunda, cuando ningún logro alivie nuestro anhelo incesante, cuando las sequías conviertan nuestros campos en desiertos y nuestra jubilación no nos alcance, ¿qué podemos hacer? La respuesta de Dios es clara. Reflexiona con sumo cuidado en tus caminos. Considera tus prioridades. Evalúa tus estrategias.

Pregúntate: ¿Es la prioridad de Dios la mía? ¿Están mis propósitos en sintonía con los de Dios?

Para muchos la respuesta es un rotundo "sí". Su prioridad es tu prioridad. Su pasión es tu pasión: quieres que la presencia de Dios se sienta en cada edificio y cada barrio del mundo.

Pero muchos otros tendrían que dar una respuesta diferente. ¿Cuál es el equivalente al excremento de cerdo y a las tripas de ballena que estás experimentando? ¿Dependencia química? ¿Ambición egoísta? ¿Días vacíos y noches solitarias? ¿La búsqueda vana de cosas?

Quizás comenzaste con las prioridades correctas. Le diste tu corazón a Dios y tu vida a la obra de Dios. Pero luego vinieron los hijos, los ascensos, el traslado, las largas jornadas, los viajes de negocios. Cada día que pasaba pensabas menos en la obra de Dios y más en la tuya. El diezmo se convirtió en propina, las oraciones se convirtieron en citas de memoria. No te olvidaste de Dios, pero tampoco te acordaste de él. La vida simplemente no funciona como esperabas.

Y ahora Dios te ha apartado para un cara a cara. Es hora de considerar tus caminos. Es hora de lavarte el excremento de cerdo, de quitarte las tripas de pescado y reconocer que fuiste creado para mucho más. Dios quiere que te muevas al paso de él, para que puedas regocijarte en sus riquezas y hallar paz, gozo y satisfacción cuando tu corazón lata en sincronía con el suyo.

Cosas mayores están por venir para aquellos que tornan su corazón hacia Dios.

Este es un caso en el que la guerra se gana mediante el acto de rendición. Así que, si te sientes un poco inestable y cansado por la confusión en la que te encuentras, considera en oración si un cambio de rumbo podría ser exactamente hacia donde Dios te está guiando: fuera de la oscuridad y en dirección a su luz.

En el plan de Dios, el futuro siempre es más brillante, el próximo capítulo siempre es más dulce y el mañana siempre tiene el potencial de eclipsar al hoy. Esas son buenas noticias para la gente que vive en las porquerizas y en los vientres de las ballenas. A la persona que siente que los mejores días han llegado y se han ido, Dios le ofrece esta promesa llena de esperanza de Hageo 2:9:

El _____ de esta segunda casa será _____ que el de la primera.

## LA PROMESA DE DIOS

*¡Lo último será mejor que lo primero!*

## MI PROMESA

*Haré de la obra de Dios mi obra.*

Seamos francos. A la mayoría de nosotros no nos gusta que nos señalen nuestros defectos. Por eso, si alguien comienza una charla tediosa con frases como "El Señor dice...", es muy probable que ignoremos el mensaje. Y, tal vez, hasta a la persona que lo transmite.

A nadie le gusta ser portador de malas noticias. Pero cuando Dios te dice que digas algo, es posible que tengas que elegir entre agradar al Señor o al hombre. No puedes servir a dos señores. Esa era la situación de Hageo. Y para dicha de los hebreos, Hageo escogió bien y entregó el mensaje de Dios. Era por su propio bien, de verdad. A veces, los medicamentos pueden ser difíciles de tragar, pero son exactamente lo que se requiere. Para comprender la situación, primero necesitas un poco de información.

Los hijos de Israel habían pasado los últimos setenta inviernos en el exilio babilónico. Su ciudad fue arrasada y su amado templo saqueado. Sin embargo, después de siete décadas, un rayo de luz atravesó las nubes y sorprendió a la gente.

En el primer año del reinado del rey Ciro de Persia, el Señor conmovió el corazón de ese monarca de tal manera que proclamó en todo su reino la reconstrucción del templo de Jerusalén a Dios, lo cual puso por escrito.

Dios tornó el corazón del rey Ciro hacia los judíos e hizo que los judíos volvieran a Jerusalén. En 538 a. C. una delegación de 50.000 judíos, impulsada por Dios y financiada por Ciro, efectuó el viaje de mil quinientos kilómetros de regreso a Jerusalén. Se enrollaron las mangas de sus túnicas y se pusieron a trabajar. Inicialmente, la gran meta de Dios era la gran meta de ellos.

Los disidentes y los extraños intentaron primero infiltrarse y luego desalentar a los constructores del templo. Pero los judíos conservaron su determinación. Se mantuvieron enfocados en el gran propósito de Dios. Hicieron de la prioridad de Dios su prioridad. Después de algunos años, sin embargo, comenzaron a cansarse. Quizás el acopio de piedras fue demasiado tedioso o la crítica demasiado molesta. O tal vez empezaron a pensar en sus propios proyectos; sus fincas, casas y negocios. Uno por uno, poco a poco, persona por persona, se apartaron de la gran meta de Dios y dejaron de trabajar en el templo. Lo grande de Dios se convirtió en pequeño para ellos.

Y, antes de que se dieran cuenta, dieciséis años llegaron y se fueron. ¡Dieciséis años! Suficiente tiempo para que la hierba creciera y cubriera los pies de los cimientos. Tiempo suficiente para que las naciones vecinas concluyeran que el Dios de Israel no merecía ninguna devoción. Tiempo suficiente para que una generación de niños judíos viera el templo abandonado como un proyecto de construcción olvidado.

Entre tanto, mientras la casa de Dios languidecía, las casas de los judíos florecían. Al menos en apariencia. Pero, a pesar de que los antiguos exiliados construían negocios, empresas y hermosas casas de paneles, para su sorpresa, eran más y más miserables cada día. Algo debía cambiar. Al menos, ese fue el mensaje que el pobre Hageo fue encargado de entregarles. El profeta les preguntó cómo era que tenían tiempo para construir sus propias casas pero no el templo de Dios. Luego vino la fuerte dosis de realidad. Les dijo: "Ustedes siembran mucho, pero cosechan poco; comen, pero no *quedan satisfechos; beben, pero no llegan a saciarse; se visten, pero no logran abrigarse; y al jornalero se le va su salario como por saco roto".* (Ver Hageo 1:4-11).

A pesar de sus mejores esfuerzos por ser felices y prósperos, en realidad no lograron ni uno ni lo otro. Se habían enfocado tanto en sí mismos que estaban descuidando lo que Dios los instó a hacer. Así que les recordó su llamado inicial. Suban a la montaña. Derriben la madera. Construyan la casa. Honren al Señor con su esfuerzo. Según las palabras de Hageo, Dios hizo infructuosos sus esfuerzos egoístas para llamar su atención.

¿Quieres saber cómo responde Dios al letargo y las prioridades fuera de lugar? Lo acabas de escuchar. ¿Alguna vez te preguntaste qué hace Dios cuando minimizamos lo grande y maximizamos lo pequeño? Ahora lo sabes.

Dios les dijo, a través de Hageo, que tomaran medidas. Tal vez sea hora de que consideres tus caminos. Los militares tienen una gran frase para esto: dar media vuelta. El soldado que marcha hacia el sur, gira y marcha hacia el norte. La infantería que marcha hacia el oeste, gira y da un paso hacia el este. Media vuelta. Giro de 180 grados. Cambio de dirección. Cambio de intención. Cambio de corazón. Arrepentimiento. Ahhh, ahí está… esa palabra religiosa. Arrepentirse. Tornar. Redirigirte a ti mismo.

Sorprendentemente, los judíos lo hicieron.

El Señor movió al liderazgo y la gente se puso a trabajar en la casa de Dios. El mensaje de Hageo fue entregado y recibido. Y Dios bendijo su espíritu renovado. Dos veces les aseguró: "Yo estoy con ustedes".

Y Él está contigo. No es demasiado tarde para empezar de nuevo. A una congregación llena de santos, Dios dijo:

**"Sin embargo, tengo en tu contra que has abandonado tu primer amor. _____. ¡Recuerda de dónde has caído! _____ y _____" (Apocalipsis 2:4-5).**

Tres pasos:

- Recuerda

- Arrepiéntete

- Vuelve a hacer las primeras obras.

*Recuerda* el alto llamado de Dios a tu vida. Él te sacó de Babilonia y te llevó a tu tierra natal.

*Arrepiéntete* de las prioridades mal ubicadas.

**"Más bien, busquen primeramente el** _____ **y su justicia, y** _____ **les serán añadidas" (Mateo 6:33).**

*Haz* las primeras obras. ¿Qué son estas?, te preguntarás. Oración. Culto. Servicio. Estudiar. Lo básico.

Comienza allí.

Dios cumple sus promesas. Haz que su obra sea la tuya y esta será mayor que la primera.

La gran promesa de Dios:

**"El esplendor de esta segunda casa será** _____ **que el de la primera," dice el Señor Todopoderoso. "Y en este lugar** _____ **" (Hageo 2:9).**

La gloria del último templo será mayor que la del primero. O, en tu caso, la gloria de la última carrera, los últimos años, los últimos intentos, los últimos días del matrimonio, las últimas estaciones de la vida serán mayores que las primeras.

Con Dios, lo mejor siempre está por venir. Simplemente nos corresponde a cada uno de nosotros prestar atención a las palabras que Hageo imploró a los judíos y hacer nuestra propia promesa.

**Mi promesa: "Haré de la obra de Dios mi obra".**

## PREGUNTAS PARA LA REFLEXIÓN

1. ¿Cuáles son los momentos de tu vida en los que te has sentido parte de la obra de Dios? ¿Cómo te ha usado Dios?

_____

_____

_____

_____

2. ¿En qué ves a Dios trabajando en este momento?

_____

_____

_____

_____

3. ¿Cuáles son algunas formas prácticas en las que puedes hacer que la obra de Dios sea tu obra?

_____

_____

_____

_____

_____

## ORA LA PROMESA

Padre, agradezco mucho que me hayas llamado a colaborar contigo.

Creo que puedes tomarme como soy hoy

y úsame para tu obra y para tu gloria.

Pongo mi corazón en ti, Señor.

Mientras busco primero tu reino,

Confío que estás agregando a mi vida todo lo que necesito

para cumplir tus planes.

Creo que mis mejores días están por venir.

Amén.

# CAPÍTULO 16

## LO BUENO DE DIOS ES PARA NUESTRO BIEN

En la primavera de 2010, un accidente de esquí le quitó la vida a Taylor, la hija de trece años de Tara Storch. Lo que siguió para Tara y su esposo Todd fue la peor pesadilla de todos los padres: un funeral, un entierro, una avalancha de preguntas y lágrimas abundantes. Decidieron donar los órganos de su hija a pacientes necesitados. Mientras tanto, pocas personas necesitaban un corazón más que Patricia Winters. El suyo había comenzado a fallar cinco años antes, dejándola demasiado débil para hacer mucho más que dormir. El corazón de Taylor le dio a Patricia un nuevo comienzo en la vida.

Tara solo tenía una petición: quería escuchar el corazón de su hija. Ella y su esposo volaron de Dallas a Phoenix y fueron a la casa de Patricia. Las dos se abrazaron un largo rato y pronto se les unió Todd. Después de unos momentos, Tara agarró un estetoscopio y lo colocó en el pecho de Patricia para escuchar nuevamente los latidos del corazón de su hija:

"Es muy fuerte", susurró la madre.

"Ella es muy fuerte", aseguró Patricia.

Mamá y papá se turnaron para escuchar el corazón de Taylor. A pesar de que habita en un cuerpo diferente, oyeron el corazón de su hija latiendo todavía. Y, cuando Dios escucha tu corazón, oye el corazón aún palpitante de su Hijo. Como dijo Pablo:

Ya no _____, sino que Cristo _____ (Gálatas 2:20).

El apóstol sintió dentro de sí mismo, no solo la filosofía, los ideales o la influencia de Cristo, sino la persona de Jesús. Cristo se mudó. Todavía lo hace. Cuando la gracia actúa, entra Cristo.

160

Cristo _____, la _____ de gloria (Colosenses 1:27).

Durante muchos años, no entendí esta verdad. Creí todas las otras preposiciones: Cristo para mí, conmigo, delante de mí. Y supe que estaba trabajando al lado de Cristo, bajo Cristo, con Cristo. Pero nunca imaginé que Cristo estaba *en* mí.

No puedo culpar a las Escrituras por mi deficiencia. Pablo se refiere a esta unión 216 veces. Juan la menciona veintiséis. Ellos describen a un Cristo que no solo nos atrae hacia él, sino que nos "une" en sí mismo. 1 Juan 4:15 dice:

Si alguien _____ que Jesús es el Hijo de Dios, Dios _____ y él en Dios.

Ninguna otra religión o filosofía afirma tal cosa. Ningún otro movimiento involucra la presencia viva de su fundador en sus seguidores. Mahoma no habita en los musulmanes. Buda no habita en los hindúes. Hugh Hefner no habita en el hedonista que busca placer. ¿Influencia? ¿Instruir? ¿Atraer? Sí. Pero morar? No.

Sin embargo, los cristianos aceptan esta promesa inescrutable. Colosenses 1:27 (BEM) dice:

El misterio, en pocas palabras, es este: _____ _____.

El cristiano es una persona en la que Cristo actúa, opera, vive.

Somos de Jesucristo; le pertenecemos. Pero más aún, crecemos cada vez más a su semejanza. Él se mueve y controla nuestras manos y nuestros pies; requisa nuestra mente y nuestra lengua. Sentimos su reorganización: convierte desechos en cosas valiosas, orejas de cerdo en bolsas de seda. Él rehace las malas decisiones y las torna en buenas. Poco a poco surge una imagen.

Romanos 8:29 dice:

**Porque a los que Dios conoció de antemano, también _____según la imagen de su Hijo.**

El plan de Dios para ti es nada menos que un nuevo corazón. Si fueras un auto, Dios querría controlar tu motor. Si fueras una computadora, Dios reclamaría el software y el disco duro. Si fueras un avión, ocuparía su asiento en la cabina. Pero eres una persona, por eso Dios quiere cambiar tu corazón.

**Se les enseñó que debían quitarse el ropaje de la vieja naturaleza_____; ser renovados en la actitud de su mente... creada a imagen de Dios_____ (Efesios 4:22-24).**

¿No es esa una buena noticia? No estás atascado en la personalidad de hoy. No estás condenado a "estar de mal humor". Eres moldeable. Aunque te hayas preocupado por tu vida cada día, no necesitas hacerlo por el resto de ella. Entonces, ¿qué importa si naciste siendo intolerante? No tienes que morir siendo así.

¿De dónde sacamos la idea de que no podemos cambiar? De ahí vienen afirmaciones como: "Me preocupo por naturaleza" o "Siempre seré pesimista. Soy así", o "Tengo mal genio. No puedo evitar la forma en que reacciono"?

¿Quién dice eso?

¿Haríamos afirmaciones similares en cuanto a nuestros cuerpos? "Es mi naturaleza tener una pierna rota. No puedo hacer nada al respecto". Por supuesto que no. Si nuestros cuerpos funcionan mal, buscamos ayuda. ¿No deberíamos hacer lo mismo con nuestros corazones? ¿No deberíamos buscar ayuda para arreglar nuestras actitudes amargas? ¿No podemos pedir tratamiento para nuestras diatribas egoístas? Por supuesto que podemos. Jesús puede cambiar nuestros corazones. Él quiere que tengamos un corazón como el suyo.

¿Te imaginas una oferta mejor?

Filipenses 2:13 es una promesa que él nos hace a ti y a mí:

**_____ es quien produce en ustedes tanto _____ para que se cumpla su buena voluntad.**

Dios anhela ayudarte a experimentar nuevas fuerzas y nuevas esperanzas a medida que le permites vivir a través de ti.

---

## LA PROMESA DE DIOS

*Trabajaré en y a través de tí.*

---

## MI PROMESA

*Acepto y coopero con la obra interior operada por Díos.*

---

Cuando reflexionamos en María, la madre de Jesús, pensamos en historias de Navidad. Pensamos en Belén, el pesebre y el niño Jesús. Es correcto hacer eso. Sin embargo, me pregunto si la historia de María es más que un relato de la primera venida de Cristo. ¿Podría, podría ella, ser una imagen de lo que Cristo quiere hacer en nosotros?

María, en un momento de revelación, relató lo que le dijo el ángel Gabriel.

"El _____ vendrá sobre ti, y el poder del_____ te cubrirá con su sombra. Así que al santo niño que va a nacer lo llamarán Hijo de Dios" (Lucas 1:35).

La esencia de Dios se redujo al tamaño de algo pequeñísimo y se alojó en el vientre de María, donde creció, se expandió y se movió hasta que el milagro de la gestación se convirtió en el momento del parto. Y la voz de Dios llenó el cielo de Belén.

María escuchó llorar al bebé. Lo oyó porque estaba dispuesta a creer en las promesas más increíbles ¿Podemos llamar a eso la promesa de la regeneración? Una palabra extraña, sin duda, pero los teólogos la usan para describir este milagro, primero visto en María y luego ofrecido a cualquiera que siguiera sus pasos. El milagro de María es Cristo en ti.

Si, tú y yo. ¡Somos Marías en formación! Grabada en Filipenses 2:13 está esta asombrosa verdad:

...es Dios quien produce _____ tanto el querer como el hacer para que se cumpla su buena voluntad (Filipenses 2:13).

¡Dios está obrando en ti! Él está trabajando para ayudarte a querer y poder hacer lo que le agrada. Él cambiará tu "querer" por tu "hacer". Ezequiel 36:26-28 lo dice así:

"Les daré un _____ y les infundiré un _____; les quitaré ese corazón de _____ que ahora tienen, y les pondré un corazón de _____. Infundiré mi Espíritu en ustedes, y haré que sigan mis preceptos y obedezcan mis leyes. Vivirán en la tierra que les di a sus antepasados, y ustedes serán _____ y yo seré _____".

¿Quién es la parte activa descrita en este pasaje? ¿Quién hace el trabajo? ¿Quién toma al pueblo y lo reúne? ¿Quién limpia y deposita un espíritu nuevo? ¿Quién quita el corazón de piedra —frío y duro— e implanta el corazón de carne, moldeable y vivificador? ¿Quién da el Espíritu y el deseo de obedecer los decretos divinos?

¿Las respuestas?

Dios.

Dios.

Dios.

Dios.

Dios.

Dios.

Efesios 2:5 nos dice que es Dios el que:

… nos dio _____ con Cristo, aun cuando estábamos muertos en pecados. ¡Por _____ ustedes han sido salvados.

Y en las palabras de Juan 1:12-13, es Dios quien nos dio:

…el derecho de ser _____ hijos de Dios. Estos no nacen de la sangre, ni por deseos naturales, ni por voluntad humana, sino que _____.

¡Todo esto es de Dios! Él nos llama a sí mismo y nos da una nueva vida. Cada parte de nosotros se ve tocada por esta regeneración: nuestra culpa se lava, nuestro futuro es brillante, nuestra sabiduría y nuestra fuerza vienen del cielo. Esto es lo que significa "nacer de nuevo".

Dios te da la misma oferta que a María: el depósito sobrenatural de su Hijo en tu ser. La Escritura está repleta de promesas: Jesús vive en sus hijos. La oración de Pablo por los Efesios era:

…para que _____ Cristo _____ en sus corazones (Efesios 3:17).

¿Cuál es el misterio del evangelio?

Que es Cristo _____, la esperanza de gloria (Colosenses 1:27).

Juan fue claro:

**El que obedece sus mandamientos permanece en _____ y _____ él (1 Juan 3:24).**

Y la más dulce invitación de Cristo en Apocalipsis 3:20:

**"Mira que estoy a la puerta y llamo. Si alguno oye mi voz y abre la puerta, _____, y cenaré _____, y él _____".**

Observa la preciosa preposición: "en". Cristo no está solo cerca de ti ni para ti ni contigo, él anhela estar en ti. Dios te ofrece el mismo regalo de Navidad que le dio a María: el Cristo que mora en nosotros. Cristo creció en ella hasta que salió de su vientre. Cristo crecerá en ti hasta que ocurra lo mismo. Cristo se manifestará en tu hablar, en tus acciones, en tus decisiones. Cada lugar que habites será un Belén y cada día que vivas será una Navidad. Tú, como María, entregarás a Cristo al mundo.

Él era un embrión en ella. Él es una fuerza en ti. Y si escuchamos, él dirigirá nuestras acciones.

Sentí su impulso correctivo recientemente en un servicio dominical. Una amable dama me detuvo cuando estaba entrando al edificio de la iglesia. Ella no estuvo de acuerdo con un comentario que hice en un sermón la semana anterior y quería expresarme su opinión... en el vestíbulo... en voz alta... diez minutos antes del servicio. El colmo fue que me tocó la sensibilidad al decirme: "Otras personas sienten lo mismo". Grrr. Ahí me encendí. Me dije a mí mismo: *¿Quiénes son esas "otras personas"? ¿Cuántas "otras personas" hay? ¿Y por qué, a gritos, no vienen a hablarme "esas otras personas"?*, pero me contuve.

Ya era hora de que comenzara el servicio. Y ahora estaba más de humor para cazar osos que para predicar. No podía dejar de pensar en la mujer y las "otras personas". Conduje a casa desde la reunión matutina bajo una nube. En vez de amor, alegría, paz y paciencia, sentí ira, frustración e impaciencia. Estaba completamente fuera de sintonía con el Espíritu. Y tuve una opción. Podría marchar a mi propio ritmo, o podría recuperar el ritmo. Yo sabía qué hacer.

Hice la llamada telefónica que debía hacer y le dije: "Creo que no hemos terminado la conversación que comenzamos en el vestíbulo". Así que la continuamos. Durante los siguientes quince minutos descubrimos que nuestras diferencias se basaban en un malentendido y que "las otras personas" eran ella y su esposo, pero él estaba realmente bien.

La paz se restableció cuando volví al ritmo de los latidos de su corazón. Para caminar en el Espíritu, responde a las impresiones que Dios te da. Aprende a esperar, a estar en silencio, a escuchar su voz. Aprecia la quietud, sé sensible a su tacto.

*Solo piensa, ¡no necesitas nada! Todos los dones de Dios están justo frente a ti mientras esperas que Jesús llegue a la escena* (1 Corintios 1:7, 8 BEM). No tienes que apresurarte ni andar corriendo. La vida dirigida por el Espíritu no teme, confía.

A María le sobraban motivos para resistir, dudar y temer. Pero ella confió en las palabras de un ángel y llevó la esperanza del mundo dentro de ella. Esa misma esperanza habita en ti.

Y esa misma mano que también empujó la roca de la tumba puede alejar tu duda. El mismo poder que agitó el corazón inmóvil de Cristo, puede avivar tu fe decaída. La misma fuerza que hizo huir a Satanás puede, y lo hará, derrotar al diablo cuando se presente ante ti. El mismo poder que trajo a Cristo al mundo de María, traerá a Cristo al tuyo. Él está trabajando dentro de nosotros para que, como María, podamos convertirnos en vasos y recipientes del don más grande de todos: Jesucristo.

Esta es su promesa. Pongámonos de acuerdo y declarémosla.

**Mi promesa: "Acogeré y cooperaré con la obra interna de Dios".**

## PREGUNTAS PARA LA REFLEXIÓN

1. ¿Qué significa para ti tener un "corazón de carne"?

_____

_____

_____

_____

2. ¿Qué tipo de trabajo sientes que Dios está haciendo dentro de ti? ¿Cómo puedes cooperar con su Espíritu Santo?

_____

_____

_____

_____

_____

3. Si Jesús verdaderamente vive en tu persona interior, ¿cómo debe verse y actuar tu persona exterior?

_____

_____

_____

_____

_____

## ORA LA PROMESA

*Jesús, creo que habitas en mi persona interior.*

*Me has dado un corazón nuevo,*

*y me has llenado con tu amor y tu poder.*

*Deseo caminar a un perfecto paso con tus planes y propósitos.*

*Ayuda a mi fe a aumentar para que te permita*

*vivir a través de mí de adentro hacia afuera.*

*Amén.*

# CAPÍTULO 17

## JESÚS ENTIENDE

Una vez me metí en el río Jordán. En un viaje a Israel, mi familia y yo nos detuvimos a ver el lugar tradicional del bautismo de Jesús. Es un lugar encantador. Los sicómoros proyectan sus sombras. Los pájaros cantan. El agua invita. Así que acepté la invitación y entré para bautizarme.

Nadie quería acompañarme, así que me sumergí en el agua. Declaré mi creencia en Cristo y me hundí tanto en el río que pude tocar el fondo. Cuando lo hice, sentí un palo (también conocido como testigo) y lo saqué. Bueno, tú sabes, un recuerdo de bautismo. Algunos obtienen certificados o biblias; yo tengo un testigo. Lo guardo en un estante de mi oficina, para mostrárselo a las personas asustadizas.

Cuando relatan sus ansiedades sobre la economía o su preocupación por sus hijos, les paso el testigo. Les hablo de la forma en que Dios vino a este mundo experimentando todo lo que enfrentamos nosotros, desde ensuciarse los pies en esta tierra, viendo pequeñines enfermos, gente muriendo y otros padeciendo diversas situaciones. Les cuento cómo le dijo Juan el Bautista que se quedara en la orilla del río, pero Jesús no quiso escucharlo. Cómo vino a la tierra con el propósito de convertirse en uno de nosotros. Me agrada decirles: "Él podría haber tocado este mismo palo, este testigo". Se echan a reír y entonces les pregunto: "¿Acaso no podemos llevar nuestros temores ante él cuando vino desde tan lejos para alcanzarnos?".

Tal vez te has planteado esta misma pregunta. ¿Tiene Dios tiempo para mis problemas?

Para mi niño enfermo.

Para el pago de mi préstamo.

Para los despidos en el trabajo.

Para el calentador roto.

¿Se preocupa Dios por los problemas cotidianos, como los que nos afectan, considerando la cantidad de cuestiones importantes que tiene que atender en el universo?

Sí, él nos entiende. Jesús nos comprende porque se hizo uno de nosotros. Si se hubiera convertido en una luz, una fuerza, una voz o una imagen celestial, nos habríamos asombrado, pero se hizo carne. Tomó la forma de un ser humano. Él era, a la vez, completamente humano y completamente divino. Juan 1:14 lo expresa de esta manera:

**El Verbo se hizo _____ y habitó entre nosotros. Y hemos contemplado su gloria, la gloria que corresponde al Hijo unigénito _____, lleno de gracia y de verdad.**

Si Dios se hubiera convertido en un ser humano sin nacimiento —algo ciertamente posible para Dios que hizo a Adán del polvo—, lo admiraríamos, pero nunca nos acercaríamos a él. Después de todo, ¿cómo podría un Dios que descendió a la tierra comprender la vida terrenal? Si Dios hubiera sido concebido biológicamente con dos padres terrenales —ciertamente posible para un Dios que nos creó a ti y a mí a partir de dos padres— nos acercaríamos a él, pero ¿querríamos adorarlo? Después de todo, ¿es él realmente diferente a ti y a mí?

Pero si era ambas cosas, Dios y hombre a la vez, entonces tenemos lo mejor de los dos mundos. Ni su humanidad ni su deidad se vieron comprometidas. Nos acercamos a Cristo porque él fue plenamente humano. Adoramos a Cristo porque es completamente divino. Era como nosotros, pero más que nosotros. Y navegó por este mundo para mostrarnos el camino.

Hace algunos años fungí como maestro en un retiro bíblico de una semana. Hay mucho que recordar sobre el evento. La comida fue fenomenal. El ambiente junto al mar era espectacular. Hice varios amigos nuevos. Sin embargo, de todos los recuerdos, el que nunca olvidaré es el partido de baloncesto que jugamos el viernes por la noche.

La idea nació en el momento en que llegó David. Los asistentes no sabían que vendría, pero en el instante en que entró en el salón, supieron quién era: David Robinson.

Superestrella de la Asociación Nacional de Baloncesto (NBA por sus siglas en inglés). Jugador más valioso (MVP por sus siglas en inglés). Tres veces ganador olímpico. Dos veces ganador de la medalla de oro. Miembro del equipo de ensueño.

Dos veces campeón de la NBA. Jugador de la liga universitaria de baloncesto. Al final del primer día, alguien me preguntó: "¿Hay alguna posibilidad de que juegue baloncesto con nosotros?".

Tenía más de dos metros de talento en bruto. Cuerpo, bien tallado. Habilidades, perfeccionadas. Cociente intelectual de baloncesto, legendario. En comparación con él, nosotros éramos una colección de tipos rollizos, de mediana edad, bien intencionados pero fuera de forma. Cuerpos, regordetes. Habilidades, patéticas. Coeficiente intelectual de baloncesto, ligeramente inferior al de una ardilla. Con todo y eso, le pregunté si podía jugar con nosotros. Y David, en un alarde absoluto de indulgencia, dijo que sí.

Fijamos el juego, el partido, para el horario de la última noche del seminario, el viernes por la noche. La asistencia a las charlas disminuyó. Aumentó la asistencia a la cancha de baloncesto. Se podía ver a los compañeros que no habían driblado un balón desde la escuela secundaria lanzando tiro tras tiro a la canasta. La red rara vez estuvo amenazada.

La noche del juego, *el juego*, David entró a la cancha por primera vez en toda la semana. Mientras calentaba, el resto de nosotros nos quedamos atónitos. La pelota cabía en su mano como cabría una de tenis en la mía. Mantuvo conversaciones mientras driblaba el balón, lo hacía girar sobre un dedo y se lo pasaba por la espalda.

Cuando empezó el juego, éramos David y nosotros los niños. Todos sabíamos que él se estaba conteniendo. Aun así, dio dos zancadas por la cancha. Atrapó la pelota con una mano en vez de dos. Cuando pasaba el balón, era más un misil que un pase. Jugó baloncesto a un nivel con el que solo podíamos soñar.

En un momento, quizás solo por diversión, el hombre se liberó. El mismo tipo que había hecho jugadas fenomenales con estrellas como Michael Jordan y Charles Barkley lo hizo de nuevo. Supongo que simplemente no pudo contenerse más. Con solo tres zancadas, se desplazó de media cancha al aro. El regordete oponente de mediana edad abrió un camino mientras él volaba, con la cabeza a nivel del aro, encestando la pelota con una fuerza que hizo temblar al tablero.

Tragamos.

David sonrió.

Recibimos el mensaje. *Así es como se debe jugar el juego.*

Jesús se metió en el juego para poder mostrarnos cómo debía jugarse. Hebreos 4:15-16 dice:

**Porque no tenemos un sumo sacerdote incapaz de _____ nuestras debilidades, sino uno [Jesús] que ha sido tentado en todo de la misma manera que nosotros, aunque sin pecado. Así que _____ la gracia para recibir misericordia y hallar la gracia que _____ en el momento que más la necesitemos**

---

### LA PROMESA DE DIOS

*Yo conozco sus sufrimientos y sus debilidades.*

---

173

## MI PROMESA

*Me acercaré a Dios con la confianza de que me escucha y me comprende.*

*"El Verbo se hizo carne y habitó entre nosotros"*. Así lo describe Juan 1:14. El Verbo vivo que trajo luz al vacío de la oscuridad y puso en órbita la Tierra, ahora está aquí con la creación, impartiendo paz a las tormentas, esperanza a los quebrantados y vida a los muertos.

El Hijo de Dios vino de manera humilde. No como muchos supusieron que vendría en calidad de realeza, posicionado para ocupar su lugar de autoridad. No, su camino fue más polvoriento, sus manos más callosas, su viaje más común. Porque recorrió el camino no solo de un Rey, sino de un niño. Jesús era, a la vez, plenamente humano y plenamente divino. Él era el Hijo de Dios, pero vino a nosotros nacido de una mujer. Era como otros bebés.

Primer aliento.

Primer grito.

Primeros pasos.

Sus primeros días los pasó en un establo. (No es exactamente la habitación con vista panorámica que esperaría que tuviera el Rey del cielo). Pero los animales le abrieron espacio, el heno estaba tibio y el Salvador había venido. El mundo recibió un milagro en un pesebre.

Su infancia fue normal. Su padre terrenal un carpintero. Sentado a su lado, observándolo incrustar los clavos en la madera, convertir algo irregular en algo hermoso. Recogiendo leña para su madre. Comer con sus hermanos. Ir a la sinagoga para recibir lecciones. Las cosas simples que componen una infancia, una vida cualquiera.

Lucas 2:52 nos dice:

Jesús siguió creciendo en _____ y _____, y cada _____ de Dios y de toda la gente.

Su cuerpo se desarrolló. Sus músculos crecieron. Sus huesos maduraron. No hay evidencia ni sugerencia de que se salvó de los inconvenientes de la adolescencia. Pudo haber sido desgarbado o feo. Conocía el dolor de los músculos adoloridos o el escozor de la sal en una herida abierta.

Se cansaba lo suficiente como para sentarse junto a un pozo y le daba sueño suficiente como para quedarse dormido en un bote balanceándose. Tuvo hambre en el desierto y sed en la cruz. Cuando los soldados le introdujeron clavos en su piel, mil terminaciones nerviosas clamaron por alivio. Mientras colgaba inerte de la cruz, dos pulmones humanos pedían oxígeno.

El Verbo se hizo carne. Divinidad suprema encontrada plenamente en la humanidad. Tal es el mensaje de Colosenses 1:15-20:

Él es la _____ del Dios invisible, el primogénito de toda creación, porque por medio de él fueron creadas todas las cosas en el cielo y en la tierra, visibles e invisibles, sean tronos, poderes, principados o autoridades: todo ha sido creado _____ él y _____ él. Él es anterior a todas las cosas, que por _____ un todo coherente. Él es la cabeza del cuerpo, que es la Iglesia. Él es el _____, el primogénito de la resurrección, para ser en todo el primero. Porque a Dios le agradó habitar en él con _____ y, por medio de él, reconciliar consigo todas las cosas, tanto las que están en la tierra como las que están en el cielo, haciendo _____mediante la _____ que derramó en la cruz.

Esto es lo que caracterizó a la iglesia del primer siglo. Aquellos que habían vivido lo suficientemente cerca como para tocarlo llegaron a esta asombrosa conclusión: Él es la imagen del Dios invisible.

¿Creías que la luna afecta las mareas? Claro que sí. Pero Cristo dirige la luna.

¿Pensaste que Estados Unidos es una superpotencia? Estados Unidos solo tiene el poder que le da Cristo, nada más. Él tiene autoridad sobre todo. Y la ha tenido por siempre.

Sin embargo, a pesar de esa elevada posición, estuvo dispuesto, por un tiempo, a renunciar a los privilegios de la divinidad y, sin medida, entrar en la humanidad. Pero ni una gota de divinidad se perdió en el cambio a la humanidad. Él era completamente humano Y completamente Dios, lo que los teólogos llaman la unión hipostática. La plenitud de Dios, cada pedacito de él, tomó residencia en el cuerpo de Cristo. El hacedor de estrellas, por un tiempo, construyó gabinetes en Nazaret.

¿Vale de algo este milagro de la encarnación? ¿Esta idea de que el Hijo de Dios vino a nosotros como un bebé en un pesebre y caminó por esta tierra como un hombre? Vale si estás postrado en cama. Vale si luchas contra la enfermedad. Vale si el dolor crónico es parte de tu vida. Aquel que escucha tus oraciones comprende tu dolor.

¡Qué esperanza nos da esto! Nada está debajo de él. Nada es demasiado común, demasiado pequeño ni demasiado insignificante para su atención o su ayuda. Él entiende. Nunca se encoge de hombros, se burla ni descarta la lucha física.

Él mismo tenía un cuerpo humano, por eso entiende.

¿Cuenta este milagro? Si alguna vez te preguntas si Dios te entiende, claro que te entiende. Y mucho. Si alguna vez te preguntas si Dios escucha, por supuesto que sí. Si alguna vez te cuestionas si el Creador Increado puede, en un millón de años, comprender la vida de un camionero, un ama de casa o un inmigrante, reflexiona mucho sobre esta promesa. Dios dice: "Te entiendo y siempre te entenderé".

¿Estás turbado en el espíritu? Las Escrituras nos dicen que a él también le pasaba eso.

¿Estás tan ansioso que podrías morir? Él también lo estuvo.

¿Estás abrumado por el dolor? A él también lo abrumaba.

¿Alguna vez necesitas encontrar un lugar de paz y tranquilidad? Él también lo necesitó.

¿Alguna vez has orado con gran clamor y lágrimas? Él también tuvo que hacer eso.

Él te entiende.

Jesús te entiende porque es humano. Él puede ayudarte porque es divino. Pero no si no acudes a él. Él no estuvo distante, así que ¿por qué lo haríamos nosotros? Él no mantuvo la distancia, entonces, ¿por qué mantenerla nosotros?

Esta es la promesa de Dios para nosotros: **"Nuestro sumo sacerdote es capaz de entender nuestras debilidades".** Por lo tanto, esta puede ser nuestra promesa para él:

**Me acercaré a Dios con la confianza de que me escucha y me comprende.**

## PREGUNTAS PARA LA REFLEXIÓN

1. ¿Por qué es importante entender que Jesús era completamente humano y completamente Dios?

_____

_____

_____

_____

_____

2. Jesús experimentó todo lo que nosotros experimentaremos, excepto una cosa. ¿Qué es esa cosa?

_____

_____

_____

_____

_____

3. ¿Qué significa para ti, en un sentido práctico, saber que Jesús sufrió dolor? ¿Cómo te ayuda su sufrimiento en tu padecimiento?

_____

_____

_____

_____

_____

## ORA LA PROMESA

*Jesús, tú sufriste en todas las formas en que yo lo haré y más,*

*sin embargo, no pecaste.*

*Te humillaste a ti mismo,*

*para cargar con el peso de mi pecado.*

*Dejaste a tu Padre celestial,*

*para que yo supiera que él nunca me dejará ni me abandonará.*

*Escuchas mis oraciones. Conoces mi dolor.*

*Me das paz.*

*Cuando me enfrento a problemas, me animo,*

*porque sé que tú has vencido al mundo.*

# CAPÍTULO 18

## TODAS LAS COSAS PARA LOS QUE BUSCAN A DIOS

Cuando los exploradores de Europa comenzaron a descubrir las islas del Pacífico Sur, se encontraron con personas que no sabían nada del mundo exterior. Todo su universo consistía en su isla. Medían su riqueza en conchas marinas y creían que el cielo era un tapiz sostenido por árboles. Nunca habían encendido un cerillo, oído el rugido de un motor, escuchado sobre la gravedad ni experimentado un día frío. Por lo que sabían, toda la humanidad consistía en lo que podían ver: miembros de tribus bronceados que habitaban los valles irregulares y las mesetas brumosas de Nueva Guinea.

Podemos perdonar que los Highlanders no siempre fueron hospitalarios. Nunca habían visto una piel tan blanca, caras tan peludas, cuerpos tan vestidos ni un comportamiento tan extraño. Nunca habían visto espuma de jabón (pensaban que era una enfermedad) ni el haz de luz de una linterna (creían que los exploradores poseían un trozo de luna).

Pensaban, francamente, que el cosmos consistía en *su* isla. Cuando los exploradores les dijeron lo contrario, los nativos no supieron qué pensar.

Desde el principio de los tiempos, el hombre ha tratado de construir sus propios reinos en el cielo: desde las pirámides de Egipto hasta los imperios de Roma y los rascacielos de Wall Street. En demostraciones de conquista y poderío, desde el campo de batalla hasta la sala de juntas, muchos han trabajado con todas sus fuerzas para construir un reino poderoso. Pero la historia nos dice que cada reino en esta tierra ha demostrado ser colapsable. Caen reyes, se destruyen dominios, se desplazan poderes y se destituyen presidentes.

Pero no pienses ni por un instante que los reinos solo los construyen los poderosos. No, la verdad es que todos estamos tentados a construir nuestros propios pequeños reinos. Tentados a autopromocionarnos, ubicarnos en el tótem del éxito y convertirnos con orgullo en los logros de nuestras propias vidas. Nos consumimos con nuestras propias torres de logros y poder. Y por todas las cosas que el hombre logra en sus actividades, buenas o malas, de una u otra manera llega a su fin.

Sin embargo, ¿y si hubiera un reino diferente a todos nuestros reinos mundanos? ¿Qué pasaría si hubiera uno que no pudiera ser derribado, conquistado ni derrocado?

Los profetas del Antiguo Testamento imaginaron un tiempo en el que Dios afirmaría y establecería su gobierno de una manera novedosa. En Jeremías 32, Dios dijo:

"Ellos serán _____, y yo seré su Dios. Haré que haya _____ entre _____ y _____, a fin de que siempre me teman, para su propio _____ y el de sus hijos" (Jeremías 32:38, 39).

Los profetas prometieron la llegada de un Rey ungido, un Mesías, uno relacionado de manera única con Dios para servir como instrumento de su gobierno:

Tu _____ viene hacia ti, _____ y humilde. Viene montado en _____ (Zacarías 9:9 NKJV).

Fíjate que no dijo que él sería exaltado y montado en un carruaje. No, en marcado contraste con lo que se esperaría, decía: "humilde y montado en un burro". No es exactamente lo que esperarías escuchar sobre el gobernante de un reino poderoso. Y muchos se lo perdieron por eso. Ellos buscaban un rey como los monarcas de la tierra. Y esperaban un reino que se establecería aquí en la tierra. Pero los planes de Dios eran muy diferentes y mucho más grandes que el establecimiento de un imperio físico.

¿Por qué? Porque sabía que los establecimientos terrenales pasan. Están construidos sobre una base inestable. Pero él estaba estableciendo algo que no sería derribado por el hombre. Un reino mucho mejor.

Los reinos del mundo ofrecen una paz aparente y limitada. El Reino de Dios ofrece la paz interior eterna.

Los reinos del mundo ofrecen gozo basado en las circunstancias. El Reino de Dios ofrece gozo pese a las circunstancias.

Los reinos de la tierra juzgan inocentes hasta que se pruebe su culpabilidad. El Reino de Dios juzga inocentes aun cuando sean culpables.

Los reinos de la tierra se edificaron sobre la sangre, el sudor y las lágrimas de muchos hombres. El Reino de Dios se construyó sobre la sangre, el sudor y las lágrimas de un solo hombre.

Cuando el verdadero Rey entró en escena, los paradigmas cambiaron y los planes se desmoronaron. No era lo que esperaban en lo natural, pero pronto descubrirían que era mucho mejor. El plan de Dios siempre lo es.

Aun cuando nuestros propios reinos tiemblan y se derrumban a nuestro alrededor, se nos da la promesa de Mateo 6:33:

*"Busquen primeramente el reino de Dios y su justicia, y todas estas cosas les serán añadidas".*

## LA PROMESA DE DIOS

*Cuando me busques, me encontrarás y tendrás todo lo que necesitas.*

## MI PROMESA

*Buscaré el reino de Dios.*

Cristo llegó como un forastero a una isla remota, una especie de invasor; desafiando a sus seguidores a volver a dibujar sus mapas. Abrió las perspectivas del mundo y presionó a la gente para que aceptara una dimensión diferente, una gran comunidad, un mundo más grande, un reino.

Los profetas prometieron la llegada de un Rey ungido, un Mesías, uno relacionado de manera única con Dios para servir como instrumento de su gobierno.

Los judíos temerosos de Dios pusieron su esperanza en la venida del rey. Y, según el Nuevo Testamento, sus esperanzas se concretaron en la forma de un carpintero nazareno cuyo apretón de manos con el mundo incluía esta frase:

**"Se ha cumplido el tiempo —decía—. El _____ está cerca. ¡Arrepiéntanse y crean las buenas nuevas!" (Marcos 1:15).**

Con estas palabras, Jesús no solo inició su ministerio, sino que introdujo su tema favorito: el reino de Dios. La frase "reino de Dios" y su equivalente judío "reino de los cielos" aparecen unas sesenta veces en los tres primeros evangelios. En las enseñanzas de Jesús, el tema del reino ocupa un lugar central.

Los discípulos esperaban que Jesús derrocara el gobierno romano y estableciera su propio reino en la tierra. Pero él se negó. En Hechos 1:6, se reunieron alrededor de él y le preguntaron: *"Señor, ¿vas ahora a restaurar el reino de Israel?"*. Jesús les respondió que el reino terrenal no le preocupaba. Y, al contrario, los comisionó a ir por todo el mundo a predicar las buenas nuevas de un reino celestial.

Debemos afinar nuestros oídos y nuestros corazones a la respuesta que Jesús les dio a sus ansiosos discípulos por el reino. El éxito y los logros aquí en la tierra son cosas maravillosas. Pero Jesús les estaba recordando que lo más importante era el reino de Dios. En Mateo, Jesús les dijo a los que vinieron a escucharlo hablar:

"Busquen primeramente el reino de Dios y su justicia".

El plan de Dios culmina en un reino. Y, según Jesús, el reino de Dios tiene que ver menos con límites y castillos, y más con cambiar corazones y mentes.

En Marcos 4, Jesús les enseña sobre el reino a través de una historia:

"¡Pongan atención! Un sembrador salió a sembrar. Sucedió que al esparcir él la semilla, una parte cayó junto al camino, y llegaron los pájaros y se la comieron. Otra parte cayó en terreno pedregoso, sin mucha tierra. Esa semilla brotó pronto porque la tierra no era profunda; pero, cuando salió el sol, las plantas se marchitaron y, por no tener raíz, se secaron. Otra parte de la semilla cayó entre espinos que, al crecer, la ahogaron, de modo que no dio fruto. Pero las otras semillas cayeron en _____. Brotaron, crecieron y produjeron una cosecha que rindió el treinta, el sesenta y hasta el ciento por uno. El que tenga oídos para oír, que oiga, añadió Jesús" (Marcos 4:3-9).

Este reino actúa, no como una nación con ejércitos y armas, sino como un agricultor con semilla. El reino se aloja en los corazones como el grano en la tierra. Si el corazón es receptivo, el reino echa raíces. Pero si el corazón es duro, la semilla se pierde. La mayoría de los corazones son duros. Según las matemáticas de Jesús, tres de cada cuatro personas resisten al reino. Pero a los que abren sus corazones, Jesús les da un regalo: la entrada a un reino; un reino invisible del "aquí y ahora" y un reino visible del futuro.

Jesús anunció: "El reino de Dios está en medio de vosotros". La palabra griega traducida como "en medio" significa "a tu alcance". Por tanto, "¡Alcánzala!" es la invitación implícita. Aquellos que lo hagan descubrirán un reino de gran alegría.

El reino es el tesoro oculto en un campo, la perla de gran valor (ver Mateo 13:44-46). Encontrar el reino es como hallar un billete de lotería ganador en el cajón de los calcetines o una joya desechada que vale una fortuna digna de un rey. Es como descubrir que esta pequeña isla de la vida no es más que un puntito en el inmenso Océano Pacífico de Dios. Es la buena noticia de que no estamos condenados a cadena perpetua sin libertad condicional en este pedazo de tierra abarrotado, sino que somos parte de un reino, uno donde la justicia fluye y la paz se asienta como la niebla en los prados de la vida. Según Jesús, solo importa una cosa, el reino de Dios.

Este reino vale todo lo que tienes, dice Jesús. Pero para recibirlo, debes confiar en una voz diferente a la tuya. Escucha a una autoridad superior a ti. De hecho, la mejor oración es la siguiente: "*Padre nuestro que estás en los cielos, santificado sea tu nombre, venga a nosotros tu reino*" (Mateo 6:9-10). El reino lo es todo. ¡Y sucede que nuestro Padre es el Rey del reino! Si tu padre es el rey, todo cambia.

Siempre pensé que sería genial conocer a un príncipe, conocer a un hijo de la realeza. Le haría algunas preguntas como las que siguen: ¿Alguna vez has visto al rey en pijama? ¿Te deja sentarte en su regazo cuando está sentado en el trono? A veces he querido conocer a una familia real.

Sin embargo, recuerdo que hice algo parecido a eso. En mi ciudad natal no se sabía nada de coronas y castillos. Pero todos sabíamos sobre fútbol. Todos los viernes por la noche nuestro pequeño pueblo se reunía en el santuario del estadio para elevar santas alabanzas a los poderosos Mustangs. Adorábamos al fútbol.

Y, como el fútbol era el rey, el entrenador en jefe era, bueno, él era el "Rey Leach".

Dirigía a todos los jugadores de primer año como un infante de marina a sus nuevos reclutas. Cuando gritaba "¡Salta!", creábamos un coro de saltamontes. Él era el alto entrenador y nosotros sus súbditos. Pero mi amigo Jim era hijo de él.

Tengo un recuerdo de ellos dos, entrenador e hijo, saliendo de la práctica juntos: riéndose, lanzándose una pelota mientras caminaban en dirección hacia la misma mesa. Jim tenía al entrenador por padre. Tú y yo tenemos muchísimo más: tenemos al Rey de reyes como nuestro papá. Su Alteza es nuestro Padre. Las implicaciones de esto son asombrosas. Él escucha cuando lo llamamos. Se conmueve cuando caemos. Nos incluye en su mesa y escribe nuestro nombre en su testamento.

Si el rey es una fuerza valerosa, pero desconocida, que gobierna tras la muralla de un castillo, tienes un monarca y nada más. Pero si el rey es el hombre que unta con mantequilla tu pan, que te arropa cuando duermes, y que cierra la puerta por la noche, tienes más que un rey; tienes una razón para sonreír. Tú conoces el corazón del rey y el rey conoce tu nombre, por lo que te extiende esta inefable invitación: "Ven y entra en mi reino". Y resulta que tu rey es Dios.

Nuestro Rey nos ama, pero debemos ser rápidos en agregar, su reino no tiene que ver con nosotros. Pensamos que sí, suponemos que tiene que ver con nosotros. Después de todo, ¿no somos hijos del rey? La razón de que el reino exista es para hacernos felices, para llenarnos, para colmarnos, para restaurarnos. Todo lo del reino se trata de nosotros, ¿correcto?

No, nada de eso. El reino se trata de Dios. Nos metemos en él, para estar seguros. Nos beneficiamos, sin duda. Pero nosotros no somos los protagonistas. Dios lo es. Nosotros no somos la historia, la historia es su reino.

Y su reino tiene una condición. Y esa condición es un factor decisivo. El reino tiene un rey. El trono solo permite un ocupante y ese ocupante no se mueve. El papel de "Su Alteza" ha sido asignado a otra persona. Tú y yo somos bienvenidos a entrar al salón del trono, pero tenemos que entregar nuestras coronas en la puerta, un acto que, según las matemáticas de Jesús, el 75% de las personas no están dispuestas a hacer. Pero para aquellos que lo hacen, los beneficios del reino les pertenecen.

La promesa de Dios para nosotros es que si buscamos primero su reino y su justicia, todas las demás cosas nos serán dadas también. En respuesta a esa promesa, tomemos nosotros mismos esta decisión inquebrantable e inamovible, diciendo:

**Lo primero que buscaré el reino de Dios.**

## PREGUNTAS PARA LA REFLEXIÓN

1. Medita en la palabra "buscar". ¿Qué implica ella para ti?

_____

_____

_____

_____

_____

2. ¿Cómo crees que puedes buscar algo que eres incapaz de ver?

_____

_____

_____

_____

_____

3. ¿Cuáles son "todas esas cosas" que deseas que Dios te añada?

_____

_____

_____

_____

_____

## ORA LA PROMESA

*Jesús, me dices que busque primero tu reino.*

*Dame ojos para ver las señales de tu reino en mi vida cotidiana.*

*Inunda mi imaginación con tu visión para mi familia,*

*mi iglesia, mi ciudad y este mundo.*

*Que mi corazón sepa y entienda lo que haces en el cielo*

*para que pueda ocuparme de tus asuntos aquí en la tierra.*

*En tu nombre, oro.*

*Amén.*

# CAPÍTULO 19

## JESÚS ES NUESTRO INTERCESOR

¿Alguna vez has sentido que la presión es muy pesada, la lucha es demasiado desequilibrada y la carga tan grande que —simplemente— no has podido superarla? A Martín Lutero también le sucedió eso. Era propenso a las dudas. El gran reformador podía igualar a los ángeles con su fe. A veces, sin embargo, podía rivalizar con los ateos por sus reservas.

Un día, su estado de ánimo se deterioró tanto que sus amigos se preocuparon por su comportamiento. Le sugirieron que descansara y se tomara un tiempo para sí mismo pero, cuando regresó, su actitud seguía siendo negativa y sombría como antes. Su fervor se había desvanecido y sus seguidores temían que abandonara su labor.

Y podría haber hecho exactamente eso, a no ser por lo que hizo su esposa, Katharina. Al regresar a su casa, la encontró vestida de negro, llorando como si hubiera habido una muerte en la casa. A su lado yacía un manto de luto, como el que usaban las damas en los funerales. Así que pidió una explicación. "Kate, ¿qué pasa aquí? ¿Murió el niño?". Ella negó con la cabeza y dijo que sus pequeños estaban vivos, pero que había sucedido algo mucho peor que eso. Lutero exclamó: "Oh, ¿qué nos ha sucedido? ¡Dime! Ya estoy bastante triste. ¡Dímelo rápido!".

"Buen hombre", respondió ella, "¿no has oído? ¿Es posible que no te haya llegado la terrible noticia?". Él sacudió su cansada cabeza y la urgió a que le diera una explicación. Ella continuó: "¿No te han dicho que nuestro Padre celestial está muerto y que su causa en el mundo, por lo tanto, está vencida?". Lutero la miró durante un largo rato hasta que, finalmente, estalló en una carcajada tal que no pudo contenerse. "Kate", dijo, "ya entendí tu sarcasmo, ¡qué tonto soy! Dios no está muerto, él siempre vive; pero he actuado como si lo estuviera".

Lutero puede ser perdonado por tener sus dudas. Se sabe que todos los puentes de fe se tambalean en tiempos de tormentas. Desde Lutero hasta Lucado, todos hemos tenido esos instantes. Momentos en los que rugen las tormentas y las olas amenazan con alcanzarnos. Olas de destrucción, miedo, depresión, aislamiento o adicción.

Tal vez por eso los evangelios hablen tan a menudo de Jesús en medio de las tormentas. Podríamos suponer que se habrían detenido. Jesús estaba en la tierra, después de todo. Él hizo el planeta. Inventó los sistemas meteorológicos con sus tormentas y todos los fenómenos. Creó todo eso de la atmósfera, los vientos y las lluvias. Podríamos suponer que, durante el periodo que estuvo en su tierra, el mundo habría estado libre de tormentas; que Dios suspendería las leyes de la naturaleza y que le ahorraría a su Hijo la incomodidad de las lluvias intensas y los vientos aulladores. Jesús debió haber sido librado de las tormentas de la vida. Y nosotros también deberíamos.

Seguir a Jesús es vivir libre de tormentas, ¿no es así?

Esa expectativa choca, rápidamente, contra las rocas de la realidad. La verdad del asunto es esta: la vida viene con tormentas. Y es así por ti. Es así por mí. Es así por Jesús. Sin embargo, en medio de esas tormentas, hay una poderosa promesa a la disposición de los creyentes a la que podemos aferrarnos con más fuerza que cualquier balsa salvavidas.

Romanos 8:34:

**Jesús está a la _____ de Dios e _____ por nosotros.**

¿Has escuchado esta promesa? Es una promesa que te quita la presión de encima, limpia el sudor de tu frente y te recuerda que no estás pasando solo por las tormentas de la vida.

Cuando estaba en quinto de primaria, Tyler Sullivan faltó a la escuela un día. Sin embargo, no lo hizo para divertirse con sus amigos ni para ver televisión, sino porque quería cumplir su sueño de conocer al Presidente de Estados Unidos.

Barack Obama estaba visitando la ciudad natal de Tyler, Golden Valley, Minnesota. Su padre presentaría al presidente en un evento. Después del discurso, cuando Tyler se reunió con el presidente, Obama se dio cuenta de que el chico faltó a la escuela. Así que le pidió a un ayudante un bolígrafo y una tarjeta con membrete presidencial. Después preguntó el nombre del maestro de Tyler. Y luego escribió una nota: "Por favor, disculpe a Tyler. Él estaba conmigo. Barack Obama, presidente".

Pienso que el profesor leyó la nota y concedió la disculpa pertinente. No todos los días el presidente habla a favor de un niño.

Pero tienes más. El Rey del universo habla por ti. Puedes estar seguro, cuando Jesús habla, todo el cielo escucha.

En medio de cualquier tormenta, prueba o tribulación, no tienes que preguntar dónde está Jesús o qué está haciendo.

No estás olvidado.

No estás solo.

No estás abandonado.

No naufragarás.

Tienes a alguien muy poderoso a tu lado. Él te ve y está dando a conocer tu caso.

## LA PROMESA DE DIOS

*Jesús siempre está orando por ti.*

## MI PROMESA

*Me animaré porque Jesús habla por mí.*

Jesús entiende las tormentas. Él tuvo las suyas. Igual que los discípulos que andaban con él.

Mateo cuenta la historia de Jesús cuando envió a sus discípulos a las aguas delante de él, en lo que resultó ser una noche particularmente tormentosa, mientras él se quedó para despedir a la multitud.

A veces creamos nuestras propias tormentas. Bebemos demasiado licor o tomamos prestado demasiado dinero o salimos con la gente equivocada. Nos encontramos a nosotros mismos como una tormenta creada por nosotros mismos.

Este no fue el caso de los discípulos. Ellos estaban en el mar, y en la tormenta, porque Cristo les ordenó que estuvieran allí. "Jesús hizo que los discípulos subieran a la barca…" No se trataba de Jonás intentando escapar de Dios; estos eran los discípulos que intentaban obedecer a Dios.

Estos son los misioneros que se mudan al extranjero a predicar, solo para que el apoyo se les evapora; líderes empresariales que toman el camino correcto, solo para ver que sus esfuerzos son superados por los corruptos. Es lo mismo que cuando una pareja honra a Dios en el matrimonio solo para tener la cuna vacía; o el alumno que estudia, solo para no aprobar el examen. Cuando los discípulos navegan en un bote que Jesús lanzó, solo para navegar en una tormenta, se nos recuerda que las tormentas llegan incluso a los obedientes. Y llegan con fuerza.

Mateo 14:23 dice:

**Después de despedir a la gente, subió a la montaña para orar _____. Al anochecer, estaba allí _____, y la barca ya estaba bastante lejos de la tierra, zarandeada por las olas, porque el viento le _____.**

Las tormentas en el Mar de Galilea pueden ser feroces. Durante los meses de otoño e invierno, el aire frío del mar empuja hacia la cuenca mediterránea y choca con una masa de aire tropical. Esto crea remolinos de tormentas de baja presión que se canalizan desde los barrancos hacia la cuenca de Galilea, que se encuentra a más de doscientos metros por debajo del nivel del Mediterráneo.

Mateo tuvo el cuidado de contar las horas de la prueba. Jesús despidió a la multitud y envió a los discípulos a navegar a la hora de la tarde. No sabemos a qué hora azotó la tormenta, pero sí sabemos que Juan dice que los discípulos habían remado "cinco o seis kilómetros" (Juan 6:19). Habían dejado la costa este cuando cayó la noche o poco después. La noche se hizo más profunda. Pasó hora tras hora. La tarde se convirtió en noche, la noche se volvió ventosa y lluviosa, y en poco tiempo el barco estaba en una furiosa montaña rusa del mar de Galilea. El viaje de ocho kilómetros debía haberles llevado menos de una hora, pero a las tres de la madrugada todavía estaban lejos de la costa. La tormenta no daba señales de amainar.

Subamos a la barca con los discípulos. Mira sus rostros salpicados por la lluvia. ¿Qué ves? Miedo, seguro. ¿Duda? Absolutamente. Incluso puedes escuchar una pregunta. Gritando por encima del viento, uno de ellos pregunta: "¿Alguien sabe dónde está Jesús?".

Ahora, démosle un poco de crédito a los discípulos. No dieron la vuelta y regresaron a la orilla, sino que persistieron en la obediencia. Siguieron clavando los remos en el agua y tirando de la embarcación a través del mar. En el orden jerárquico de la noche, la tormenta mandaba. Pero los discípulos estaban demasiado lejos de la orilla, demasiado extenuados por la lucha y se sentían demasiado indefensos ante las olas.

¿Y tú? ¿Te sientes demasiado lejos de la orilla? Sin solución a la vista. Tienes demasiado tiempo en la lucha. ¿Demasiado tiempo en el sistema judicial? ¿Demasiado tiempo en el consultorio del médico? ¿Mucho tiempo sin un buen amigo? ¿Demasiado tiempo y demasiado solo? ¿Demasiado pequeño ante las olas?

¿Dónde está Jesús cuando lo necesitas?

¿Dónde estaba él la noche de la tormenta en Galilea? Cuando la tormenta feroz golpeaba a los discípulos obedientes, ¿en qué parte del mundo estaba Jesús?

La respuesta es clara. Estaba orando.

Mateo escribe que Jesús había subido solo a la ladera de una montaña para orar. No hay indicación de que haya hecho algo más. Él no comió. No chateó. No durmió. Solo oró. Jesús estaba tan absorto en la oración que se negó a detenerse a pesar de que su piel estaba empapada y su cabello enmarañado. Después de servir todo el día, oró toda la noche. Sintió los vientos huracanados y la lluvia punzante. Aunque estaba en plena tormenta, aun así oró.

¿O deberíamos decir que él estaba en la tormenta y por eso oró? ¿Fue la tormenta el motivo de su intercesión? Y… ¿representan los discípulos a todos sus seguidores? ¿Es la tormenta una metáfora para describir los momentos difíciles que atraviesan sus seguidores y su respuesta inmediata orar por ellos? Porque la promesa de Romanos 8:34 nos dice que él está "a la derecha de Dios e intercede por nosotros".

"Interceder" significa hacer peticiones o rogatorias específicas ante alguien. Esto es lo que hacen los intercesores. Presentan una petición apasionada y específica ante Dios.

Medita en esta promesa por un momento. Jesús, ahora mismo, en este instante, en medio de tu tormenta, está intercediendo por ti. El Rey del universo está hablando a favor tuyo. Él está llamando al Padre celestial. Pide la ayuda del Espíritu Santo. Está abogando para que se envíe una bendición especial a ti.

"¡Dale fuerzas a Mary para enfrentar esta entrevista!".

"¡Dale a Tom la sabiduría necesaria para ser un buen padre!".

"¡Derrota el miedo que busca robarle el sueño a Allison!".

*¿Dónde está Jesús?* Pedro y la tripulación pueden haber preguntado.

*¿Dónde está Jesús?* Ruegan los postrados en cama, los debilitados, los empobrecidos, los muy estresados, los aislados.

*¿Dónde está Jesús?* Está en la presencia de Dios, orando por nosotros.

Hebreos 7:25 dice:

**Por eso también puede** _____ **a los que por medio de él se acercan a Dios, ya que vive siempre para** _____ **por ellos.**

Cuando olvidamos orar, él se acuerda de orar. Cuando estamos llenos de dudas, él está lleno de fe.

Cuando somos indignos de ser escuchados, él siempre es digno de ser escuchado. Él es el sumo sacerdote perfecto y sin pecado. El Rey del universo está hablando por ti. Cuando estás en medio de tu tormenta, él está orando.

Y ahí, en medio de tu tormenta, él aparece.

Mateo continúa contando el resto de la historia:

**En la madrugada, Jesús** _____, **caminando sobre el lago. Cuando los discípulos lo vieron** _____, **quedaron aterrados. "Es un fantasma", gritaron de** _____ **(Mateo 14:25-26).**

Jesús se convirtió en la respuesta a su propia oración. Él no calmó la tormenta y luego apareció. Surgió en medio de la tormenta. Ordenó que el torrente se convirtiera en sendero y que el mar se solidificara. Él, que hizo dos paredes dentro del Mar Rojo para Moisés y que hizo flotar un hacha para Eliseo, trató las aguas de Galilea como si fuera un camino en una montaña y llegó caminando al encuentro de los apóstoles en medio de la tormenta.

Con todo y eso, los seguidores se llenaron de pánico. Nunca esperaron ver a Jesús en la tormenta. Sus seguidores pensaron que era un fantasma al principio. Pero Jesús permaneció impávido. La fe de Pedro se convirtió en miedo, pero Jesús permaneció impávido.

Los vientos aullaban y rugían... pero Jesús permaneció impávido. Permaneció así hasta que ellos entendieron. Entendieron que él es soberano sobre todas las tormentas.

Los discípulos, por primera vez en las Escrituras registradas, lo adoraron. Dijeron: *"Verdaderamente tú eres Hijo de Dios"* (v. 33). Con la barca parada cual altar y el corazón palpitante cual liturgia, adoraron a Jesús.

Y ese podría ser el final de la historia, lo que sería un final maravilloso. Pero Mateo se asegura de que averigüemos qué sucedió al otro lado de esa tormenta.

Después de haber salido de allí, la gente reconoció a Jesús. La noticia de su llegada se difundió rápidamente por toda la zona, y pronto la gente traía a todos sus enfermos. Se nos dice: *"Quienes lo tocaban quedaban sanos"* (v. 36).

Al otro lado de la tormenta hubo más milagros de los que se podían contar. ¿Qué hubiera pasado si los discípulos hubieran dado la vuelta y regresado? Es probable que Jesús hubiera visitado a esas personas, pero los discípulos se habrían perdido la oportunidad de ser parte de eso. Habrían estado sentados al otro lado. Tal vez atraparían algunos peces en la orilla para pasar el tiempo. Pero quizás un poco malhumorados preguntándose por qué no estaban experimentando los milagros.

Pero en cambio, los discípulos estaban allí en medio de todo aquel acontecer. Y tendrían una historia que contar alrededor de las fogatas en los años venideros... la noche en que Jesús vino caminando sobre el agua... la noche en que Jesús los rescató en medio de la tormenta.

¿A qué tormenta te enfrentas? Por oscura y ventosa, violenta y amenazante que sea, puedes construir tu vida sobre esta promesa. Jesús está intercediendo por ti. Y luego haz tu propia promesa:

**Me animaré porque Jesús habla por mí.**

## PREGUNTAS PARA LA REFLEXIÓN

1. ¿Por qué crees que Jesús esperó hasta que la tormenta estuviera en su peor momento para acercarse a los discípulos?

_____

_____

_____

_____

_____

2. Si estás en medio de una tormenta ahora, ¿te consuela saber que Jesús está orando por ti?

_____

_____

_____

_____

_____

3. Al principio, los discípulos no reconocieron a Jesús. Pensaron que era un fantasma. ¿Cómo puedes estar seguro de que Jesús está contigo en las tormentas de la vida?

_____

_____

_____

_____

## ORA LA PROMESA

Cuando la vida se ponga tormentosa, ayúdame a fijar mi mirada en ti, Jesús.

Aun cuando esté en el ojo de la tormenta,

Nunca me aparto de tu vista.

Abre mis ojos para verte caminando hacia mí sobre el agua.

La Escritura me dice que sabes mi nombre,

y estás orando por mí.

Gracias por llamarme más profundamente.

Amén.

# CAPÍTULO 20

## DIOS NO CONDENA

En una espléndida tarde de abril de 2008, dos equipos universitarios de softbol femenino se enfrentaron bajo el cielo azul de la Cordillera de las Cascadas.

En el interior de una cerca de malla ante un centenar de aficionados, los dos equipos jugaron un partido decisivo. El equipo ganador avanzaría a las competencias de la división. Las Western Oregon Wolves eran un equipo fuerte que contaba con varias bateadoras enérgicas, pero Sara Tucholsky no era una de ellas. Sara, nunca en su vida, había conectado un jonrón; pero ese sábado, con dos corredoras en base, conectó una bola curva y la envió sobre la valla del jardín izquierdo.

En su entusiasmo, Sara pisó más allá de la primera base. Al voltearse, para devolverse, algo se le rompió en la rodilla y cayó al suelo. Se arrastró de vuelta a la base, se llevó la rodilla al pecho con dolor y le preguntó al árbitro: "¿Qué hago ahora?".

El árbitro no estaba seguro. Si alguna de los compañeras de equipo de Sara la ayudaba, ella estaría fuera. Lo que Sara sabía era que si intentaba ponerse de pie, colapsaría. Su equipo no pudo ayudarla. Su pierna no podía sostenerla. ¿Cómo pudo Sara cruzar el plato de bateo?

Los árbitros se reunieron para hablar. Y mientras se acurrucaban, Sara gemía, ¿puedo hacer una comparación? Debo culpar al predicador que llevo dentro, pero veo una ilustración en este momento. Tú y yo tenemos mucho en común con Sara Tucholsky. Nosotros también hemos tropezado. No en el béisbol ni en el softbol, sino en la vida: en lo que atañe a la moralidad, la honestidad, la integridad. Hemos hecho todo lo posible para tropezar y caer. Nuestros mejores esfuerzos nos han dejado de espaldas, en el polvo y fuera del juego. La distancia entre donde estamos y donde queremos estar es infranqueable. ¿Qué hacemos?

Como escribe el apóstol Pablo en Romanos 3:10-11: "No hay un solo justo, ni siquiera uno; no hay nadie que entienda; nadie que busque a Dios". La gente a menudo se irrita ante el mensaje de este versículo. Se ofenden por su alegación. "¿Nadie es justo? ¿Nadie busca a Dios? ¿Y con qué frecuencia producimos nuestro propio resumen de justicia? *¡Yo pago mis impuestos! ¡Amo a mi familia! ¡No bebo tanto! Según la mayoría de los estándares, ¡soy una buena persona!*

*Además, razonamos, al menos yo no soy tan malo como...* y empieza la lista: un dictador malvado, un asesino en serie, un político resbaloso, un concursante de telerrealidad...

Intenté ese enfoque con mi mamá una vez. Me dijo que mi habitación estaba desordenada. Le mostré la habitación de mi hermano. Siempre podía contar con que la suya sería más desordenada que la mía. Me acompañó por el pasillo hasta su habitación. ¡Estaba impecable! Sin arrugas en la cama. Sin ropa en el suelo. ¡Perfecto! "Esto es lo que quiero decir con limpio", dijo.

Dios hace lo mismo con nuestras excusas: señala a su Hijo y dice: "Esto es lo que quiero decir con perfecto".

Hasta aquí nuestras excusas. Nos quedamos donde estaba Sara Tucholsky, incapaces de valernos por nosotros mismos.

La sorprendente noticia es que Jesús hizo por nosotros lo que Mallory Holtman hizo por Sara. Lo último que supimos de Sara es que estaba tirada en el suelo, agarrándose la rodilla con una mano y aferrándose a la primera base con la otra. Los árbitros se acurrucaron. Las jugadoras se pararon y observaron. Los fanáticos gritaron que alguien sacara a Sara del campo, pero ella quería cruzar el plato por su equipo. ¡Acababa de sacar la pelota del parque! Pero no era lo suficientemente fuerte. Ella no podía hacerlo sola.

Mallory Holtman, que jugaba en la primera base del equipo contrario, ideó una solución. Una derrota terminaría la temporada de su último año. Entonces, uno pensaría que Mallory estaría feliz de ver anulado el jonrón. Pero no lo estaba.

Al pedir permiso, le hizo una señal a la campocorto para que la ayudara y recogieron a la jugadora lesionada, mientras las lágrimas corrían por el rostro de Sara. Comenzó la misión de misericordia. La llevaron alrededor de las bases, tocándolas a lo largo del camino. Los espectadores se pusieron de pie y la ovacionaron.

La solución de Mallory fue perfecta. A través de sus esfuerzos, se honró el estándar del juego y se recompensó el deseo de la jugadora. La única que podía ayudar, ayudó. Y, porque lo hizo, Sara logró llegar a casa.

Dios ofrece hacer lo mismo por ti y por mí. No importa cuán grande sea la caída, cuán complicado sea el desastre ni cuán quebrantado te sientas, él dice: "Te levantaré y te llevaré a casa". Lo hace, a través de la obra consumada de Jesucristo en la cruz.

La hermosa promesa de Dios para nosotros es esta. Romanos 8:1:

**Por lo tanto, ya no hay** _____ **para los que están** _____ **.**

---

### LA PROMESA DE DIOS

*No los condenaré si creen en mi Hijo.*

---

### MI PROMESA

*Encontraré el perdón en la obra terminada de Cristo.*

Cuando escuchas la palabra "cruz", ¿qué te viene a la mente? ¿Un símbolo delgado que cuelga de una cadena de oro? ¿Un adorno en lo alto del campanario de una iglesia? ¿Quizás un pesado crucifijo de madera clavado sobre un podio? La cruz representa muchas cosas para muchas personas: religión, sacramentos, escuela dominical, la Biblia de la abuela. Y los sentimientos son igual de variados. Para algunos evoca sentimientos de antipatía y condena. Para otros, una sensación de libertad y redención.

Para un hombre, lo que comenzó como un fuego que alimentó su odio por la cruz se convirtió en el fervor que alimentó su mayor pasión.

Una vez se consideró el mayor fariseo de entre todos sus correligionarios, el hombre más religioso de la ciudad. Pero todos sus escrúpulos y el cumplimiento de la ley no lo habían convertido en un hombre mejor. Saulo estaba sediento de sangre y enojado, determinado a extinguir cualquier cosa y a todos los cristianos. La primera vez que nos lo presentan, lo vemos supervisando la muerte de Esteban, que estaba siendo apedreado por su fe.

Sin embargo, la actitud de Saulo comenzó a cambiar en el camino a Damasco. Fue entonces cuando Jesús se le apareció. Sí. Jesús, el que había muerto, clavado en una cruz. Aquel cuyo nombre fue susurrado junto con "resucitado" y "el Hijo de Dios". Aquel cuyos seguidores Saulo había decidido eliminar.

Jesús derribó a Saulo de su caballo alto (literalmente) y lo dejó solo y sin vista durante tres días. Saulo solo podía ver una dirección: hacia adentro. Y lo que vio no le gustó. Vio a un tirano de mente estrecha. Cuando le dijeron que podía bautizarse y lavar sus pecados, no esperó una segunda invitación.

A los pocos días, estaba predicando acerca de Cristo y la cruz. A los pocos años, emprendió su primer viaje misionero. En una década, estaba escribiendo las cartas que todavía leemos hoy, cada una defendiendo a Cristo y la cruz. Saulo se convirtió en Pablo, autor de una tercera parte de nuestro Nuevo Testamento.

No se nos dice cuándo se dio cuenta Pablo de lo que significaba la gracia. ¿Fue inmediatamente en el camino de Damasco? ¿O poco a poco, durante los tres días de oscuridad? Eso no se nos dice. Pero lo que sí sabemos es esto: que Pablo entendió qué significaba.

Así que aceptó la oferta improbable de que Dios nos haría justos consigo mismo a través del perdón de los pecados, por medio de Jesucristo y su sacrificio en la cruz. Y Pablo hizo de la gracia de Cristo su mensaje de vida.

Él predicó:

"todos han _____ y están privados de la gloria de Dios" (Romanos 3:23).

No hemos cumplido con los requisitos establecidos por Dios. Según el plan del jardín del Edén, fuimos creados a la imagen de Dios. Fuimos destinados a llevar la naturaleza de Dios, a hablar, actuar y comportarnos como él habla, actúa y se comporta. Amar como él ama. Valorar lo que él valora. Para honrar a quien él honra. Este es el "requisito glorioso" que Dios ha establecido.

Sin embargo, un enorme cañón nos separa de Dios. Él es santo; nosotros no. Él es perfecto; nosotros no. Entonces, ¿qué debemos hacer? Si no podemos negar nuestro pecado, ¿podríamos esperar que a Dios se le olvide? Él lo haría, excepto por este detalle esencial: él es un Dios de justicia.

Él castigará nuestro pecado. Debe hacerlo. Si no lo hace, no es justo. Si él no es justo, ¿qué esperanza tenemos de un cielo justo? Dios debe castigar el pecado o no es justo. Sin embargo, si Dios castiga a los pecadores, entonces estamos perdidos. De modo que ¿cuál es la solución? Una vez más, recurramos a Pablo para tener una explicación.

Pablo reconoció que si no fuera por Cristo, y el precio que pagó por nuestros pecados, nunca podríamos ser justos. Por eso escribió lo siguiente en una de sus cartas que dirigió a los romanos. Ahí decía:

Dios lo ofreció como un sacrificio _____ que se recibe por la fe en su sangre, para así demostrar su _____. Anteriormente, en su paciencia, Dios había pasado por alto los pecados; pero en el tiempo presente ha ofrecido a Jesucristo para manifestar su justicia. De este modo Dios es _____ y, a la vez, el _____ a los que tienen fe en Jesús (Romanos 3:25-26).

Dios nunca comprometió su estándar. Satisfizo todas las exigencias de la justicia. Sin embargo, también satisfizo el anhelo del amor. Él era demasiado justo para pasar por alto nuestro pecado, demasiado amoroso para desecharnos, así que colocó nuestro pecado sobre su Hijo y lo castigó allí. Jesús tomó nuestro pecado en la cruz, pagando el precio por Pablo, por ti, por mí.

Ahora comprendemos el clamor de Cristo desde la cruz. "Dios mío, Dios mío, ¿por qué me has desamparado?". Jesús sintió la profunda y ardiente ira de un Dios justo y santo. No ignoramos esa ira. Dios nos permite experimentar solo una gota del maremoto de vergüenza y miseria que merecemos por nuestros pecados. Él permite una pizca de culpa, aunque merecemos una montaña, para llevarnos al arrepentimiento. ¿Te imaginas si sintiéramos todo el peso de nuestro pecado?

Jesús lo sintió. Ola tras ola. Carga tras carga. Hora tras hora. Sintió la separación entre él y su Padre. Y luego, cuando apenas podía soportar más, exclamó: "¡Consumado es!". La misión estaba completa.

En el momento de la muerte de Jesús, ocurrió un milagro asombroso.

**Entonces Jesús, lanzando un fuerte grito, expiró. La _____ se rasgó en dos, de _____ (Marcos 15:37-38).**

Un velo grueso, de dos metros de largo y diez de ancho, separaba al pueblo y su pecado del Lugar Santísimo en el templo, donde venían a adorar a Dios. No estamos hablando de pequeños y delicados cortinajes. Esta cortina era una pared hecha de tela. El hecho de que fue rasgada de arriba abajo revela que las Manos que estaban tras ese acto eran divinas. Fue Dios mismo quien se encargó de agarrar la cortina y rasgarla en dos.

¡No más!

No más división.

No más separación.

No más sacrificios.

Fue terminado. La muerte de Cristo trajo nueva vida. Todos los obstáculos que nos habían separado, y que alguna vez podrían separarnos, de Dios desaparecieron.

La promesa está escrita con la sangre carmesí de Cristo: ... *ya no hay ninguna condenación para los que están unidos a Cristo Jesús* (Romanos 8:1).

Ninguna condenación. No "condena limitada", "condena apropiada", "condena calculada". Eso es lo que la gente le da a los demás. ¿Qué les da Dios a sus hijos? "Ninguna condenación".

Jesús fue verdaderamente el Cordero de Dios que quitó los pecados del mundo. Solo Jesús podía ayudarnos, porque solo él no tenía pecado. 1 Pedro 2:24 nos dice:

**Él mismo, en su cuerpo, llevó al madero _____ _____, para que muramos al pecado y vivamos para la justicia.**

Jesús llevó el peso de nuestro pecado.

La salvación, de principio a fin, es obra de nuestro Padre. Dios no se para en la cima de una montaña y nos dice que la escalemos para que lo encontremos. Él desciende a nuestro valle oscuro y nos encuentra. Él no se ofrece a completar el trabajo si lo comenzamos. Él lo hace todo, de principio a fin. Él no negocia con nosotros, ni nos dice que limpiemos nuestras vidas para poder ayudarnos. Él lava nuestros pecados sin que lo ayudemos. Cuando pones tu confianza en Cristo, él pone sus brazos alrededor de ti. Él te lleva a casa. La Escritura dice que Dios puede *guardarte sin caída y presentarte ante su gloriosa presencia sin mancha y con gran alegría* (Judas 24).

Necesitamos esta promesa. Porque caemos; caemos en nuestra lujuria, en nuestra ira, en nuestras adicciones. Caemos de bruces, tan pública y vergonzosamente, que desesperamos por volver a levantarnos. Es en esos momentos que solo la promesa de Dios puede salvarnos.

Ninguna condenación.

¿Frustración? Sí.

¿Tentación? En abundancia.

¿Humillación? Seguro que sí.

Pero ¿condena? ¿Separado de Dios? ¿Divorciado de toda esperanza? ¡No, no, mil veces no!

La cruz no es un símbolo de condenación. La cruz es un símbolo de esperanza, libertad y perdón. Un recordatorio constante de que nuestro pecado fue pagado de una vez por todas.

Como Pablo, que escribió esta poderosa promesa, nosotros también podemos aferrarnos a ella… "Ya no hay ninguna condenación para los que están unidos a Cristo Jesús". Y debido a eso, podemos decir con confianza inquebrantable:

**Encontraré el perdón en la obra terminada de Cristo.**

## PREGUNTAS PARA LA REFLEXIÓN

1. ¿Cuál es la diferencia entre condenación y convicción? ¿Entre la culpa y el verdadero conocimiento del pecado?

_____

_____

_____

_____

_____

2. 1 Juan 3:20 dice: "Aunque nuestro corazón nos condene, Dios es más grande que nuestro corazón y lo sabe todo". ¿Cómo funciona esto de manera práctica en tu vida?

_____

_____

_____

_____

_____

3. Jesús clamó desde la cruz: "Todo se ha cumplido". ¿Qué cumplió Jesús?

_____

_____

_____

## ORA LA PROMESA

Jesús, tu muerte en la cruz pagó el precio

por todos mis pecados, pasados, presentes y futuros.

Sin embargo, a veces me abruma la culpa de lo que he hecho.

Por tu gracia, recuérdame una y otra vez

que por tu muerte y resurrección soy libre para siempre

de la mancha del pecado y que pueda vivir de una forma que te agrade.

Amén.

# CAPÍTULO 21

## JESÚS DA LA VICTORIA SOBRE LA MUERTE

Si has asistido a un servicio conmemorativo, has escuchado las palabras. Si has paseado por un cementerio, las has leído. Se citan junto a las tumbas de los pobres, están talladas en las lápidas de los reyes. Aquellos que no saben nada de la Biblia conocen esta parte de ella. Aquellos que no citan ninguna escritura pueden recordar esta escritura: la del valle de sombra y el pastor.

**Aunque ande en valle de _____, no temeré mal alguno, porque tú estarás conmigo; tu vara y tu cayado me infundirán aliento (Salmos 23:4).**

¿Por qué? ¿Por qué estas palabras se atesoran tanto? ¿Por qué es tan amado este versículo? David, que a menudo enfrentó la muerte, nos brinda un importante recordatorio que nos ayuda a renunciar a nuestro miedo a la tumba.

Todos tenemos que enfrentarla. En una vida marcada por las citas médicas, las citas con el dentista y las citas escolares, hay una cita que ninguno de nosotros perderá: la cita con la muerte. Hace varios años recibí una llamada urgente para que visitara a un moribundo en el hospital. No conocía bien a Peter, solo lo suficiente como para saber que estaba pagando un alto precio por su vida azarosa. Años de abuso de drogas y alcohol habían plagado su sistema. Aunque haría las paces con Dios por medio de Cristo, su hígado estaba en conflicto con su cuerpo.

Cuando su exesposa me llamó, estaba parada al lado de su cama. Peter, explicó, estaba a punto de entrar por la puerta de la muerte. Aunque me apresuré, él entró segundos antes de que yo llegara. En la atmósfera de aquella habitación hospitalaria había una sensación como que "acababa de suceder". Ella todavía estaba de pie junto a la cama. Acarició su cabello hacia atrás con su toque. Había una huella de un beso con lápiz labial en los nudillos de su mano izquierda. Las gotas de sudor brillaban en su frente.

Me vio entrar y miró hacia arriba. Con sus ojos y sus palabras, me explicó: "Acaba de irse". Se deslizó en silencio. Se fue. Salió. En un momento aquí. Al siguiente... ¿dónde? Falleció, se fue, ya no está.

Sin embargo, ¿a dónde fue?, ¿en qué forma?, ¿a qué lugar?, ¿de qué manera? Y, una vez allí, ¿qué vio? ¿Sabes o no? Deseamos saber tanto.

¿Quién de los tuyos "acaba de irse"? Cuando la respiración de tu esposo cesó, el corazón que latía en tu vientre se detuvo, cuando el silbido del monitor de tu abuela se convirtió en un tono constante, ¿qué pasó en ese momento? La muerte es difícil de enfrentar para nosotros. Especialmente cuando parece el fin definitivo. Pero, ¿y si la muerte fuera más como el final de una película maravillosa antes de la secuela, en vez del callejón sin salida de un largo camino?

Hebreos 9:27 nos dice:

**Está establecido que los seres humanos** _____, **y después ... el juicio.**

Ah, cómo nos gustaría modificar ese versículo. Bastaría con una o dos palabras. "Casi todos mueran..." o "Que todos mueran menos yo..." o "Que muera todo el que se olvide de comer bien y tomar vitaminas..." Pero esas no son las palabras de Dios. En su plan todos deben morir, incluso aquellos que comen bien y toman sus vitaminas.

Los sabios recuerdan la brevedad de la vida. El ejercicio puede comprarnos algunos latidos más. La medicina puede concedernos algunas respiraciones más. Pero a lo último, hay un final. Y, ¿qué será de ti en tu momento final? Salvo el regreso de Cristo, tendrás un último suspiro, un pulso final. Tus pulmones se vaciarán y la sangre se detendrá. Cuando se pregunta: "¿Qué seremos después que muramos?", la raza humana evoca cuatro respuestas.

Opción 1: Nada. Vamos a decaer o desintegrarnos. La muerte es un callejón sin salida. Nuestras obras y nuestra reputación pueden sobrevivir, pero nosotros no.

Opción 2: Fantasmas. Fantasmas de lo que alguna vez fuimos. Pálidos como la barba de Edgar Winters.

Estructurados como una niebla matutina. ¿Qué seremos después de morir? Espectros.

Opción 3: Halcones o vacas, o un mecánico de automóviles en Kokomo. La reencarnación nos premia o nos castiga según nuestro comportamiento. Regresamos a la tierra en otro cuerpo mortal.

Opción 4: Seremos parte del universo. La eternidad nos absorbe como un lago a una tormenta. Volvemos a lo que éramos antes de ser lo que somos... volvemos a la conciencia cósmica del universo.

El cristianismo, por otro lado, postula una idea nueva, asombrosa y sorprendente. Lo que tenías antes de la muerte, lo tendrás después de la muerte, solo que mejor, mucho, mucho mejor. Dice que irás al paraíso: el cielo, pero no al hogar. Al regreso de Cristo, recibirás un cuerpo espiritual y habitarás un universo restaurado. Esta es la promesa de Dios.

Y la mejor manera de enfrentar la muerte es reclamar la promesa de Dios en 1 Corintios 15:54:

La muerte _____ ha sido _____ por la victoria.

Creemos en esta promesa debido a la resurrección de Jesús.

## LA PROMESA DE DIOS

*No los condenaré si creen en mi Hijo.*

## MI PROMESA

*Encontraré el perdón en la obra terminada de Cristo.*

Jesús había sido crucificado, los discípulos esparcidos, la piedra rodada. Parecía que todo había terminado. Había llegado la muerte. La muerte había ganado. Pero ese no fue el final. Mateo 28:2-6 lo expresa de esta manera:

**Sucedió que hubo un terremoto violento, porque un _____ bajó del cielo y, acercándose al sepulcro, _____ y se sentó sobre ella. Su aspecto era como el de un relámpago, y su ropa era blanca como la nieve. Los guardias tuvieron tanto miedo de él que se pusieron a temblar y quedaron como muertos. El ángel dijo a las mujeres: No tengan miedo; sé que ustedes buscan a Jesús, el que fue crucificado. No _____, tal como dijo. Vengan a ver el lugar donde lo pusieron.**

La resurrección lo cambió todo. Si tales palabras nunca se hubieran dicho, si el cuerpo de Jesús se hubiera convertido en polvo en la tumba prestada, no estarías escuchando estas palabras y no estaríamos discutiendo esta promesa. Pero las palabras fueron pronunciadas y la promesa fue hecha.

Su resurrección es la promesa de la nuestra. Lo que Dios hizo por Jesús, lo hará con nosotros. Según el apóstol Pablo, cuando Jesús resucitó de entre los muertos, él fue las "primicias". (Ver 1 Corintios 15:20-23). Las "primicias" son el primer sabor de la cosecha. El agricultor puede anticipar la naturaleza del cultivo al probar el primer fruto que cultivó. Podemos anticipar nuestra propia resurrección confiando en la tumba vacía de Cristo. Jesús conquistó la muerte y el sepulcro, por tanto la muerte ya no es el fin.

En Apocalipsis, Jesús dice que ahora él tiene las llaves tanto de la muerte como de la tumba. Él dijo:

"[Yo soy] el _____. Estuve _____, pero ahora _____ por los siglos de los siglos, y tengo las llaves de la _____ y del _____" (Apocalipsis 1:18). En otras palabras, él nos liberó de su poder, de su dominio sobre nosotros. Ya no tiene el control. La muerte ya no tiene la última palabra. Aquel que derrotó la tumba también la derrotó por nosotros. La muerte ya no es algo a lo que temer.

Esto es lo que te va a pasar. Al morir, tu espíritu entrará inmediatamente en la presencia de Dios. Disfrutarás de una comunión consciente con el Padre y con aquellos que se han ido antes.

¿No es esta la promesa que Jesús le dio al ladrón en la cruz? "Hoy estarás conmigo en el paraíso" (Lucas 23:43). La primera palabra de la oración declara la transferencia instantánea de esta vida a la siguiente. "Hoy", promete Cristo. Sin demora. Sin pausa.

No hay proceso de purgatorio ni sueño del alma. El ladrón cerró los ojos en la tierra y despertó en el paraíso. El alma del creyente viaja a casa, mientras que el cuerpo espera la resurrección. El paraíso es la primera etapa del cielo.

Pero el paraíso no es la versión final del cielo, ni la máxima expresión del hogar.

La edad última comenzará cuando Cristo regrese en el día final. Ese día comenzará con un grito. La Escritura dice:

"El _____ descenderá del cielo con _____" (1 Tesalonicenses 4:16). Antes de que veas ángeles, escuches trompetas o abraces a tus abuelos, serás envuelto por la voz de Jesús.

Jesús lo describió de esta manera:

"… los _____ oirán la voz del Hijo de Dios, y los que la oigan vivirán … los que están en _____ oirán su voz … para ser _____" (Juan 5:25, 28-29).

El que nos creó nos recogerá. Seremos resucitados de nuestras tumbas: nuestros cuerpos se unirán a nuestros espíritus.

¡Te va a encantar tu nueva versión de ti! Finalmente estarás saludable. Según Juan … **sabemos** … **que cuando** _____, **seremos** _____ (1 Juan 3:2).

Permite que todos los padres de un niño con síndrome de Down o autista escriban estas palabras en la pared del dormitorio.

Que los amputados e infectados, los postrados en cama y los anémicos duerman con la promesa de que "Seremos como él". Que los paralizados y en sillas de ruedas tomen en serio esta promesa. "Seremos como él". Nos graduaremos de esta versión a su semejanza. Disfrutaremos de un cuerpo como el suyo, hecho para el cielo y la tierra.

No solo desaparecerá la enfermedad; el pecado también. Por mucho que odiemos el carcinoma y los paros cardíacos, ¿no odiamos aún más los celos? La fibrosis quística roba el aliento, pero el egoísmo y la tacañería hurtan la alegría. La diabetes puede arruinar el sistema de un cuerpo, pero el engaño, la negación y la desconfianza están arruinando a la sociedad.

En el nuevo Reino, nuestros ojos no tendrán lujuria, nuestra mente no divagará, nuestras manos no robarán, nuestro corazón no juzgará, nuestros apetitos no se enfurecerán y nuestra lengua no mentirá.

Pero lo que seremos, será espiritual.

Que esta esperanza del mañana traiga fuerza al hoy. Algunos de ustedes habitan cuerpos muy cansados del camino: dolor de rodillas, ojos oscurecidos, piel flácida. Otros de ustedes salieron del útero en un viaje cuesta arriba. Aunque no tengo respuestas fáciles para la lucha que enfrentan, los invito, no, les *imploro* a acompañarme con la promesa de Pablo:

**"Sorbida es la muerte en victoria" (1 Corintios 15:54 RVR1960).**

Hace varias semanas, pasé una hora en la oficina del director de un cementerio. Otro cumpleaños más me había recordado que el día de mi partida está cada vez más cerca. Me pareció correcto hacer los preparativos del entierro.

Mientras el señor me mostraba el mapa funerario y las secciones disponibles, se me ocurrió una idea. "Probablemente pensarás que estoy loco", le dije. "¿Pero puedo grabar un mensaje para mi lápida? Una especie de correo de voz para la tumba".

Para su crédito, no me llamó loco y prometió comprobarlo. A los pocos días me dio la buena noticia: "Sí, es posible. Se puede encerrar un mensaje grabado en la lápida. Con solo presionar el botón, se puede reproducir el mensaje".

Le di las gracias y me puse manos a la obra. En unos minutos, lo tenía escrito. Todavía no está grabado.

¿Quizás pueda probarlo contigo primero? La piedra de granito contendrá un botón y una invitación: "Presiona para escuchar una palabra de Max". Si lo haces, esto es lo que escucharás.

*Gracias por venir Lo siento, me extrañaste. No estoy aquí. Estoy en casa. Al fin en casa. En algún momento mi Rey llamará y esta tumba se mostrará como el sepulcro temporal que es. Es posible que desees hacerte a un lado, en caso de que eso suceda mientras estés aquí. De nuevo, agradezco tu visita. Esperando que hayas hecho planes para tu propia partida. Todo lo mejor para ti, Max.*

Sí, todavía necesita algo de trabajo. Aunque la redacción puede cambiar, la promesa nunca lo hará:

**"Sorbida es la muerte en victoria" (1 Corintios 15:54 RVR1960).**

El suelo tembló. La piedra fue removida. ¡Jesús está vivo! La muerte no es nada que temer. Por lo tanto, podemos hacer nuestra propia promesa confiados en esta esperanza inquebrantable.

**"Encomendaré mi muerte al Señor de la vida".**

## PREGUNTAS PARA LA REFLEXIÓN

1. Muchas personas dedican tanto tiempo y energía a evitar la muerte que pierden la oportunidad de vivir plenamente. ¿Por qué crees que es esto?

_____

_____

_____

_____

_____

2. ¿Quién está contigo para apoyarte cuando no puedas hacerlo por ti mismo?

_____

_____

_____

_____

_____

3. ¿Cómo deben vivir los creyentes conscientes de que la muerte en este mundo no es el final de su vida?

_____

_____

_____

## ORA LA PROMESA

*Jesús, gracias por sorber mi muerte en tu muerte.*

*Has robado la tumba del dolor.*

*La cruz ha vencido mi miedo.*

*Te confío mi vida,*

*porque eres el dador de la vida,*

*y la vida más abundante.*

*Ayúdame a pasar mis días con la eternidad presente.*

*En tu nombre, oro.*

*Amén.*

# Capítulo 22

## La alegría viene por la mañana

Amigo, tengo buenas noticias para ti. Ahora, escucha atentamente. No importa cuán oscura parezca la noche, no importa cuán angustiado esté tu corazón, Dios te ama. Y debido a eso, puedes estar seguro de que el gozo VENDRÁ.

Mary Cushman aprendió esta verdad. La depresión financiera de la década de 1930 casi devastó a su familia. El sueldo de su marido se redujo a dieciocho dólares a la semana. Como era propenso a enfermarse, hubo muchas semanas que ni siquiera ganó para cubrir los gastos.

Así que ella empezó a encargarse de lavar ropa y de plancharla. Vestía a sus cinco hijos con ropa usada. En una ocasión, el tendero a quien le debían cincuenta dólares, acusó de ladrón a su hijo de once años.

Eso era más de lo que pudo soportar. No veía ninguna esperanza por ningún lado. Así que apagó la lavadora y llevó a su hermosa hijita de cinco años a la habitación, tapó las ventanas y las grietas, y encendió el calentador de gas de su habitación. Ella no lo encendió. En vez de eso, le dijo a su hija que iban a tomar una siesta y se acostó para hacerlo por última vez. Ella dijo más tarde que nunca olvidaría el olor de ese gas.

De repente, escuchó música. Había olvidado apagar la radio en la cocina. Mientras la música continuaba, escuchó a alguien cantando un antiguo himno.

*Oh, qué amigo nos es Cristo*
*Él llevó nuestro dolor*
*Y nos manda que llevemos*
*Todo a Dios en oración*

¿Vive el hombre desprovisto
de paz, gozo y santo amor?
Esto es porque no llevamos
todo a Dios en oración.

Mientras escuchaba el himno, de repente se dio cuenta de que había cometido un error terrible y trágico. Había tratado de pelear todas sus batallas sola. De un salto, apagó el gas, abrió la puerta y levantó las ventanas para dejar entrar el aire fresco.

Pasó el resto del día dando gracias a Dios por las bendiciones que había olvidado: cinco hijos saludables. Ella prometió que nunca más sería ingrata y que reconocería a Dios aun en medio de la oscuridad. Al cabo del tiempo perdieron su hogar, pero ella nunca perdió la esperanza. Superaron la Gran Depresión. Esos cinco hijos crecieron, se casaron y tuvieron sus propios hijos.

Más tarde, ella escribió: "Cuando recuerdo ese terrible día en que encendí el gas, agradezco a Dios una y otra vez que me despertó a tiempo. Que alegrías me hubiera perdido. Cuántos años maravillosos habría perdido para siempre... Ahora, cada vez que escucho de alguien que quiere terminar con su vida, me dan ganas de gritar: "¡No lo hagas! ¡No lo hagas!". Los momentos más oscuros que vivimos solo pueden durar un poco de tiempo, luego viene el futuro..."

¿Han estado tus noches llenas de lágrimas? Querido, tengo una promesa hermosa y llena de esperanza que compartir contigo.

**Por la noche durará** _____, **y a la mañana vendrá** _____ **(Salmos 30:5 RVR1960).**

No necesitabas leer ese versículo para saber esa verdad. El llanto puede durar toda la noche. Pregúntale a la viuda en el cementerio o a la madre en la sala de emergencias. El hombre que perdió su trabajo puede decírtelo. También la adolescente que se perdió en el camino. El llanto puede durar toda la noche, y la noche siguiente y la siguiente. Eso no es nuevo para ti.

Pero la desesperación no dominará al día. El dolor no durará para siempre. Las nubes pueden eclipsar al sol pero no pueden eliminarlo. La noche puede prolongar el alba, pero no puede vencerla. La mañana llega. No tan rápido como queremos. No tan pronto como deseamos. Pero llega y con ella la alegría.

Tenemos esta preciosa promesa a la cual aferrarnos:

*Por la noche durará el lloro, y a la mañana vendrá la alegría.*

¿Necesitas esa promesa? ¿Has llorado como un río? ¿Has abandonado toda esperanza? ¿Te preguntas si alguna mañana pondrá fin a esta noche? Vienen las alegrías. Permanece atento. Espéralas. Espéralas como lo harías con el amanecer de la mañana o el crepúsculo de la tarde. Le llegó a Mary Cushman. Y te vendrá a ti, mi amigo.

---

## LA PROMESA DE DIOS

*Tu noche llegará a su fin; habrá alegría en la mañana.*

---

## MI PROMESA

*Alabaré a Dios antes de que mi oración sea respondida.*

En el bosque del Nuevo Testamento, ella es el sauce llorón. Es la persona sobre quien la tragedia arrojó su invierno más frío. Antes de conocer a Jesús, tuvo siete demonios. Era prisionera de siete aflicciones. ¿Qué podría incluir esa lista? ¿Depresión? ¿Soledad? ¿Lástima? ¿Miedo? Quizás era una reclusa o una prostituta. Tal vez había sido abusada, abandonada. El número siete se usa a veces en la Biblia para describir la integridad. Es posible que María Magdalena estuviera completamente consumida por los problemas.

Pero, entonces, algo sucedió. Jesús entró en su mundo. Jesús habló y los demonios huyeron. Con una palabra, las fuerzas opresivas desaparecieron. Fueron expulsadas. Desalojadas. Por primera vez en mucho tiempo, María Magdalena podía dormir bien, comer lo suficiente y volver a sonreír. El rostro en el espejo no estaba angustiado. Jesús le devolvió la vida a su existencia.

Ella correspondió. Leemos que estaba entre las seguidoras que contribuían con sus propios recursos para apoyar a Jesús y sus discípulos. Dondequiera que iba el Maestro, María Magdalena lo seguía. Ella lo escuchó enseñar. Ella lo vio hacer milagros. Ella ayudó a pagar los gastos. Es posible que hasta haya preparado sus comidas. Siempre estuvo cerca de Cristo.

Incluso en su crucifixión. Ella fue la que estuvo cerca de la cruz. Cuando le incrustaron los clavos en las manos, ella oyó el martillo. Cuando le atravesaron el costado con una lanza, ella vio la sangre. Cuando bajaron su cuerpo de la cruz, ella estaba allí para ayudar a prepararlo para el entierro.

El viernes, María Magdalena vio morir a Jesús.

El sábado observó un *sabbat* triste.

Cuando llegó el domingo, María Magdalena fue al sepulcro para terminar el trabajo que había comenzado el viernes. Juan 20:1 dice que de madrugada, el primer día de la semana, María Magdalena fue al sepulcro cuando aún estaba oscuro. No sabía nada de la tumba vacía. Ella fue sin otro motivo que lavarle los coágulos de sangre que le quedaban en la barba y despedirse.

Mientras llevaba el perfume para su sepulcro, la embargaron los recuerdos de una noche pasada, cuando se vio obligada a derramar su precioso perfume sobre sus pies, lavándolos con sus lágrimas y secándolos con su cabello. Él había transformado su vida. Lo había cambiado todo. Y ahora...

Antes, le llevaba el perfume a Jesús con un corazón agradecido y adorador. Ahora se lo llevaba con un corazón afligido y desconsolado.

Era una mañana oscura.

Cuando llegó al cementerio, las malas noticias empeoraron. Vio que habían quitado la piedra y supuso que los ladrones de tumbas se habían llevado el cuerpo. Se apresuró a bajar por el sendero hasta que encontró a Pedro y a Juan, y les dijo: "*Se han llevado del sepulcro al Señor*" (Juan 20:2).

Pedro y Juan corrieron hacia la tumba. Juan fue más rápido, Pedro fue más audaz. Entró. Juan lo siguió. Pedro vio la losa vacía y se quedó mirando. Juan vio la losa vacía y creyó. Todas las pruebas encajaron para Juan. Las profecías de la resurrección, la piedra movida, las vendas de lino, el velo doblado y colocado. Juan hizo los cálculos. Nadie se llevó el cuerpo de Jesús. Nadie robó la tumba. Jesús se levantó de entre los muertos. Juan miró y creyó. La Pascua tuvo su primer celebrante. Pedro y Juan se apresuraron a decírselo a los demás.

Esperamos que el lente de la cámara del evangelio los siga. Después de todo, eran apóstoles, autores de epístolas. Constituyen dos tercios del círculo íntimo. Esperamos que Juan describa lo que los apóstoles hicieron a continuación. Él no. Cuenta la historia del que se quedó atrás.

Las Escrituras dicen: "María se quedó afuera, llorando junto al sepulcro" (Juan 20:11). Su rostro estaba inundado de lágrimas. Sus hombros agitados por los sollozos. Se sentía completamente sola. Era solo María Magdalena, su desesperación y una tumba vacía. *Mientras lloraba, se inclinó y miró dentro de la tumba. Y vio dos ángeles vestidos de blanco sentados, uno a la cabecera y otro a los pies, donde había estado el cuerpo de Jesús. Entonces le dijeron: "Mujer, ¿por qué lloras?".*

María Magdalena confundió a los ángeles con hombres. Es fácil imaginar por qué. Todavía estaba oscuro afuera, y aún más en la tumba. Sus ojos estaban llenos de lágrimas. No tenía motivos para pensar que habría ángeles en la tumba. ¿Excavadores de huesos? Tal vez. ¿Cuidadores? Posiblemente. Pero su domingo era demasiado oscuro para esperar la presencia de los ángeles. Ella respondió: *"Se han llevado a mi Señor, y no sé dónde lo han puesto"* (v. 13).

El mundo de María se derrumbó oficialmente. Su Maestro fue asesinado. Su cuerpo fue enterrado en una tumba prestada. Su tumba fue saqueada. Su cuerpo fue robado. Ahora, dos extraños estaban sentados en la losa donde había sido puesto su cuerpo. Tristeza mezclada con ira.

¿Alguna vez has tenido un momento como ese? ¿Un momento en el que las malas noticias empeoraron? ¿En el que la tristeza te envolvía como una niebla? ¿En el que acudiste a buscar a Dios y no pudiste encontrarlo? Tal vez la historia de María Magdalena sea tu historia. Si es así, te va a encantar lo que pasó después. En medio del momento más oscuro de María, surgió el Hijo.

Ahora, cuando hubo dicho eso, se volteó y vio a Jesús parado allí, pero no supo que era Jesús. Leemos:

**Jesús le dijo: ¿Por qué lloras, mujer? ¿A quién buscas? Ella, _____, le dijo: "Señor, si usted se lo ha llevado, dígame dónde lo ha puesto, y yo iré por él" (Juan 20:14-15).**

Ella no reconoció a su Señor. Así que Jesús hizo algo al respecto. La llamó por su nombre. Él le dijo: "María".

Tal vez fue la forma en que lo dijo. La inflexión. El tono. El acento galileo. Tal vez fue el recuerdo asociado con él; el momento en que escuchó por primera vez a alguien decir su nombre sin perversión ni un plan malvado.

"María".

Cuando ella escuchó la voz, reconoció la fuente. Se volteó y gritó: "Rabino". En un segundo, con un giro del cuello, en la cantidad de tiempo que le tomó girar la cabeza de un lado a otro, su mundo pasó de un Jesús muerto a uno vivo. El llanto puede durar toda la noche, pero la alegría... Ella lo abrazó. Sabemos que esto es cierto debido a las siguientes palabras que dijo Jesús:

"No _____, porque aún no he subido a mi Padre" (v. 17 RVR1960).

Tal vez ella cayó a sus pies y le sujetó los tobillos.

Quizás le echó los brazos alrededor de los hombros y lo abrazó.

No sabemos cómo lo sostuvo. Solo sabemos que ella lo hizo.

Y Jesús la dejó hacer eso. Qué maravilloso que el Señor resucitado no fuera demasiado santo, demasiado diferente, demasiado divino ni demasiado sobrenatural para ser abrazado.

Alguien debería pintar esa escena. Capturarla al óleo y enmarcarla en un lienzo. El resplandeciente amanecer dorado. La tumba abierta. Ángeles mirando desde la distancia. El Mesías vestido de blanco. María llena de alegría. Sus brazos alrededor de él. Sus ojos sobre ella. Si eres el artista que lo pinta, por favor incluye el reflejo del amanecer en las lágrimas de María. Y, por supuesto, pinta una amplia sonrisa en el rostro de Jesús.

La historia continúa de esta manera: "Entonces, María Magdalena fue y les dijo a los discípulos que había visto al Señor y que él le había dicho estas cosas". ¿Por qué? ¿Por qué ella? Hasta donde sabemos, ella no se hizo misionera. Ninguna epístola lleva su nombre. Ninguna historia del Nuevo Testamento describe su obra. ¿Por qué Jesús creó este momento para María Magdalena?

Tal vez para enviar este mensaje a todas las personas apesadumbradas:

*Por la noche durará el lloro, y a la mañana vendrá la alegría.*

¿Estás llorando? Haz lo que hizo María. Sigue acudiendo a Jesús. Aunque el camino sea oscuro.

Aunque el sol parezca dormir. Aunque todos los demás estén en silencio, camina hacia Jesús. María Magdalena hizo eso. No, ella no comprendió la promesa de Jesús. Ella fue buscando a un Jesús muerto, no a uno vivo. Pero al menos fue. Y debido a que ella fue a él, él fue a ella.

¿Y tú? Estarás tentado a rendirte y alejarte. No lo hagas. Aunque no tengas ganas, sigue caminando por el sendero hasta la tumba vacía. Abre tu Biblia. Medita en las Escrituras. Canta himnos. Habla con otros creyentes. Ponte en posición de ser encontrado por Jesús y escucha atentamente. Ese jardinero muy bien podría ser tu redentor.

El llanto viene. Nos llega a todos. Las angustias nos dejan con caras llenas de lágrimas y corazones pesados. El llanto viene. Pero también la alegría. Llega la oscuridad, pero también la mañana. Llega la tristeza, pero también la esperanza.

No importa lo que parezca estar muerto en la tumba, tu gozo, tu esperanza, tus circunstancias, pon tu confianza en el Dios que resucita a los muertos. El dolor puede tenerte toda la noche, pero no puede tener tu vida ni un instante. Haz esta promesa llena de esperanza con todas tus fuerzas:

**"Buscaré a Dios aun cuando esté triste".**

## PREGUNTAS PARA LA REFLEXIÓN

1. ¿Necesita Dios que dejemos de llorar antes de acercarnos a él?
(Pista: Lee el capítulo 20 de Juan).

_____

_____

_____

_____

_____

_____

2. En la hora más oscura de María, ella se acercó a Jesús. En un momento, Jesús convirtió su mayor dolor en su mayor alegría. ¿Cómo puedes acercarte a Jesús?

_____

_____

_____

_____

_____

_____

## ORA LA PROMESA

Padre, en tu creación hiciste las estaciones y los días:

el verano y el invierno, la primavera y el otoño, la mañana y la noche.

Puedo pasar por estaciones que se sienten como noches,

pero confío en que tu alegría llegue con la mañana.

Ayúdame a acercarme a ti, aun cuando esté triste.

Cuando la tristeza trate de asentarse sobre mí,

recuérdame tus promesas de alegría.

Que pueda mirarte siempre, incluso a través de mis lágrimas.

Amén.

# CAPÍTULO 23

## EL PODER DEL ESPÍRITU SANTO ES PARA TI

Hace varios años, cuando mis piernas eran más fuertes, mi vientre más plano y mi ego más grande, dejé que mi amigo Pat me convenciera de participar en una carrera de bicicletas. No cualquier carrera de bicicletas, fíjate, sino una que incluía pedalear dos kilómetros y medio por una colina empinada con una pendiente de 12%. En otras palabras, fue una sección dificultosa, en la que había que levantarse de la silla, encender los muslos y prepararse para respirar fuerte durante diez minutos de la carrera. Apropiadamente llamado The Killer Diller, y sí, estuvo a la altura de las expectativas.

Conocía su reputación. Aun así, me inscribí porque Pat, mi compañero de equitación, me dijo que podía hacerlo.

Fácil de decir para Pat. Es quince años menor que yo y ha competido desde que estaba en la escuela primaria. Estaba montando pelotones antes de que la mayoría de nosotros supiéramos lo que eran. Cuando me resistí a la idea de completar la carrera, me aseguró: "Créeme, Max. Lo harás".

Casi no.

Los ciclistas de ese lugar dejaron atrás a los que no eran de allí. Nosotros, los rezagados barrigones, bromeábamos sobre la siguiente subida. Pero no chistamos por mucho tiempo. Se necesita viento para hablar. Pronto necesitamos todo el viento que pudiéramos reunir para escalar. Empujé y resoplé y resoplé y, en ese punto, comenzó el ascenso. Cuando estaba a medio camino de la cima, mis muslos ardían y pensaba cosas menos que agradables sobre mi amigo Patrick.

Fue entonces cuando sentí el empujón. Una mano presionó mi espalda. Me volteé y miré. ¡Era Pat! Ya había completado la carrera. Anticipándose a mi agotamiento total, se apresuró a bajar la colina, desmontó su bicicleta y se apresuró a darme una mano. Literalmente. ¡Empezó a empujarme colina arriba! (El hecho de que pudiera seguirme te dice lo lento que estaba pedaleando). "Te dije que lo lograrías", gritó. Vine para asegurarme de que lo hicieras.

¿Sientes que te vendría bien un poco de fuerza extra en este momento? Bueno, Dios tiene una promesa para eso.

Hechos 1:8 dice:

"**Cuando venga el Espíritu Santo sobre ustedes, recibirán _____**".

¿Te desconcierta el tema del Espíritu Santo? ¿Te asombra? Nos sentimos cómodos hablando de Dios Padre y Dios Hijo, pero ¿Dios Espíritu Santo? A veces evitamos siquiera mencionarlo. Sin embargo, lo hacemos a un gran costo.

Supongamos que te ofrezco un trato en un nuevo triciclo súper veloz y nuevo. Solo piensa en la alegría que tu hijo tendrá subiendo y bajando la acera en ese espectacular triciclo. Es de color rojo brillante como un camión de bomberos, tiene borlas colgando del manillar y, escucha esto, una campanita que se sienta en el manubrio. Una gran oferta. Te lo ofrezco a un tercio del precio. Con lo que te ahorres puedes llevar a cenar a toda la familia. Por supuesto, tiene un pequeño asunto, le falta una rueda. Pero todavía le quedan dos. A fin de cuentas, el pequeño Johnny necesitará andar en un vehículo de dos ruedas, ¿te parece? Podría empezar bien con este. Cómprale este triciclo de dos ruedas.

Me estás dando una mirada divertida. Me estás poniendo los ojos en blanco como lo hace Denalyn. Ahora estás suspirando. Vamos, no te alejes. Piénsalo. Un tercio del precio de un triciclo al que le falta una pequeña rueda. ¿No ves el valor que tiene?

Por supuesto que no y no te culpo. ¿Quién quiere dos tercios cuando puede tener todo?

Muchos cristianos hacen eso. Pídele a un creyente que responda esta pregunta: *¿Quién es Dios Padre?* Tiene una respuesta. *Describe a Dios Hijo*. No dudará. Pero si quieres verlo dudar y buscar palabras, hazle esta pregunta: ¿Quién es el Espíritu Santo? Aunque el Espíritu Santo ocupa un tercio igual de la Trinidad con el Padre y el Hijo, es como si nos conformáramos con dos tercios de Dios. No cometerías ese error con un trípode, un triciclo o un prisma. Y, ciertamente, no querrás cometerlo con la Trinidad. Tu Biblia hace más de cien referencias al Espíritu Santo. Jesús dice más sobre el Espíritu Santo que sobre la iglesia, el matrimonio, las finanzas y el futuro.

De hecho, en el día de su ascensión, mientras preparaba a sus seguidores para que enfrentaran el futuro sin él, hizo esta gran y preciosa promesa en Hechos 1:8:

*"Cuando venga el Espíritu Santo sobre ustedes, recibirán poder".*

---

### LA PROMESA DE DIOS

*Tu noche llegará a su fin; en la mañana habrá alegría.*

---

### MI PROMESA

*Alabaré a Dios antes de que mi oración sea respondida.*

Los discípulos querían que Jesús se quedara con ellos después de su resurrección y estableciera su reino en la tierra. Pero él tenía otros planes. Mejores planes. Él les dijo en Juan 16:7:

"Pero les digo la verdad: Les conviene que _____, porque si no lo hago, el _____ no vendrá a ustedes; en cambio, si me voy, se lo enviaré _____".

Jesús les dijo que en realidad era mejor que se fuera para pedirle al Padre que les enviara otra ayuda, una que viviera con ellos y permaneciera en ellos. (Ver Juan 14:6-7.)

Así como que un empujón que te lleva a la cima de una montaña, el Espíritu Santo promete hacer lo mismo por los creyentes. Después que Jesús ascendió al cielo, el Espíritu Santo se convirtió en el principal agente de la Trinidad en la tierra. Él completará lo que fue comenzado por el Padre y el Hijo. Aunque las tres expresiones de la Deidad están activas, el Espíritu tiene el protagonismo en esta era final. El Espíritu promete darnos un empujón. Un empujón que implique:

- Fuerza

- Unidad

- Supervisión

- Santidad

¿Necesitas un empujón?

Él promete poder al que es santo. Él es la fuerza motora de la creación. La Biblia dice:

Si pensara en retirarnos su _____, todo el género humano perecería, ¡la humanidad entera volvería ___ _____ (Job 34:14-15).

El Espíritu de Dios es una fuerza que da vida a la creación y, más significativamente aun, es como la partera que ayuda al nuevo nacimiento del creyente. Jesús le dijo a Nicodemo: Yo te aseguro que quien no nazca de agua y del Espíritu no puede entrar en el reino de Dios. Lo que nace del cuerpo es cuerpo; lo que nace del Espíritu es espíritu. (Ver Juan 3:5-6).

El Espíritu Santo entra en el creyente con la confesión de fe. A partir de ese momento, el cristiano tiene acceso al mismo poder y a la persona de Dios. A medida que el Espíritu opera en la vida del creyente, ocurre una transformación. Empieza a pensar como Dios piensa, a amar como Dios ama y a ver como Dios ve. Por tanto, ministra con poder, ora con poder y camina con poder.

Cuando los discípulos estaban todos reunidos en el aposento alto, el Espíritu Santo apareció en escena. ¡Y qué clase de aparición hizo! Los discípulos lo describieron como un fuerte viento y un poderoso fuego. El Espíritu de Dios prometió estar con ellos y en ellos. El Espíritu Santo bautizó a los primeros creyentes con poder y promete hacer lo mismo con todos los que le sigan.

Y eso es contigo y conmigo.

En Gálatas, se nos dice que la manifestación o fruto del Espíritu en el creyente es *amor, gozo, paz, paciencia, benignidad, bondad, fidelidad, mansedumbre y templanza* (Gálatas 5:22).

Estos atributos aparecen en la vida del santo de la misma manera que aparece una manzana en la rama de un manzano. El fruto aparece como resultado de la relación. Corta esa rama del árbol y olvida el fruto. Sin embargo, si la rama está asegurada al tronco, entonces los nutrientes fluyen y se produce el fruto.

Así es con el fruto del Espíritu Santo. A medida que nuestra relación con Dios esté asegurada y no esté dañada por la rebelión, el pecado o el comportamiento tenaz, podemos esperar una cosecha de frutos. No necesitamos forzar eso. Pero podemos esperarlo. Nuestro trabajo es simplemente mantenernos conectados. En el momento oportuno, sentiremos el poder del Espíritu ayudándonos.

También disfrutaremos de algunos dones del Espíritu. Después de proporcionar una lista de posibles dones, el apóstol Pablo aclara:

**Todo esto lo hace _____ y único _____, quien reparte a cada uno según él lo determina (1 Corintios 12:11).**

Esto es para que podamos ser empoderados para la obra del ministerio. La primera vez que los discípulos experimentaron al Espíritu Santo fue cuando Jesús fue bautizado. La Escritura dice que el Espíritu Santo descendió sobre él en forma de paloma. Dios lo confirmó como su Hijo, y el Espíritu Santo lo capacitó para la obra.

El Espíritu Santo también nos equipa. Conoce a cada santo y sabe las necesidades de cada iglesia. Distribuye los dones de acuerdo a lo que la iglesia necesitará en una región y generación en particular. Y, el resultado es la unidad.

El Espíritu Santo de Dios es como la madre gallina con sus alas extendidas, instando a la Iglesia a acogerse a su seguridad. Por eso nos dice que:

**Esfuércense por mantener la _____ mediante el vínculo de la paz (Efesios 4:3). A los santos no se les dice nunca que creen unidad, sino que mantengan la unidad que proporciona el Espíritu. La armonía siempre es una opción porque el Espíritu siempre está presente.**

Atrás quedó la excusa: "Simplemente no puedo trabajar junto a fulano de tal". O "Fulano de tal no piensa como yo, así que no puedo estar en su equipo". Quizás tú no puedas, pero el Espíritu dentro de ti sí puede. Esta unidad es posible independientemente del género, la nacionalidad o la filiación política.

La comunión no siempre es fácil, pero la unidad siempre es posible. Efesios 2:18 nos dice:

Pues por _____ él tenemos acceso al Padre por un _____. El Espíritu Santo unifica a la Iglesia. El Espíritu Santo supervisa la Iglesia.

¿Quieres escuchar algo de su lista de tareas pendientes?

- Consolar a los afligidos

- Guiar al creyente a toda la verdad

- Revelar las cosas que aún están por venir

- Ofrecer oraciones de intercesión

- Dar testimonio de que el santo es salvo

- Dar fe de la presencia de Dios con señales y milagros

- Crear una atmósfera divina de verdad, sabiduría y libertad

Sin embargo, la lista de sus actividades es variada, maravillosa e incompleta sin esta palabra: santidad. El Espíritu de Dios nos hace santos.

Después de todo, ¿no es él el Espíritu SANTO? Una de sus actividades principales es limpiarnos del pecado y santificarnos para la obra santa. Pablo les recuerda a los corintios:

**"Pero ya han sido lavados, ya han sido santificados, ya han sido justificados en el nombre del Señor Jesucristo y por el _____ " (1 Corintios 6:11).**

He visto imágenes de mujeres lavando ropa que frotan las prendas de vestir en una tabla de lavar. Tal vez esa imagen sea apta para la obra del Espíritu Santo. Nos frota hasta que el resultado es impecable. En consecuencia, podemos estar ante la presencia de Dios. Y somos facultados para la obra del ministerio.

Escucha las palabras de Pablo a Tito. Palabras que nos suenan verdaderas hoy:

Pero, cuando se manifestaron la bondad y el amor de Dios nuestro Salvador, _____, no por nuestras propias obras de justicia, sino por su _____. Nos salvó mediante el lavamiento de la regeneración y de la renovación por _____, el cual fue derramado abundantemente sobre nosotros por medio de Jesucristo nuestro Salvador. 7 Así lo hizo para que, justificados por _____. Así lo hizo para que, justificados por su gracia, llegáramos a ser herederos que abrigan la esperanza de recibir la vida eterna (Tito 3:4-7).

¡Qué esperanza nos da eso! El Espíritu Santo lo es todo para la Iglesia. Él nos da poder, unidad, supervisión y santidad. Y así lo hará hasta el fin de los tiempos. Así que, por el amor de Dios, "anden en el Espíritu".

Puedes poner tu corazón en la promesa de que "recibirás poder cuando el Espíritu Santo venga sobre ti". Así que repitamos esta promesa:

Buscaré sentir, ver y escuchar al Espíritu Santo.

## PREGUNTAS PARA LA REFLEXIÓN

1. Dios como Padre. Jesús como Hijo. Tenemos ejemplos humanos para ayudarnos a entender estas relaciones divinas. ¿Cómo describirías al Espíritu Santo usando esos ejemplos?

_____

_____

_____

_____

_____

2. ¿Cuáles son algunas de las funciones bíblicas del Espíritu Santo?

_____

_____

_____

_____

_____

3. ¿Cómo puedes escuchar al Espíritu Santo hablarte a diario?

_____

_____

_____

_____

_____

## Ora la promesa

Espíritu Santo, tú eres, por tu misma naturaleza, Dios mismo.

Vives en mí y llegas a partes de mi alma que ni siquiera yo puedo alcanzar.

Me consuelas. Me aconsejas. Me limpias.

Por tu gracia y tu misericordia, cultiva la tierra de mi corazón,

para que tu fruto se produzca en mi vida.

Amén.

## CAPÍTULO 24

## DIOS EDIFICARÁ SU IGLESIA

Nadie me dijo que se la iban a llevar. Denalyn y yo disfrutamos de la cena de ensayo de nuestra boda. Hablamos con familiares y amigos; volvimos a contar las historias de cómo nos conocimos, nos enamoramos y nos comprometimos; y luego se la llevaron. Sus seres queridos se llevaron a mi futura novia prometiéndome con seguridad que "la tendremos lista para la boda de mañana".

Jesús conoce el sentimiento. ¿Sabías que a la Iglesia se la llama la novia de Cristo? Como un novio que espera con ansias llevarse a su novia, esta imagen nos ayuda a entender el anhelo del día en que Cristo regresará por la Iglesia. Nos estamos preparando para una gran boda; una unión eterna con el novio.

Apocalipsis 19:7 nos da un vistazo del tiempo de esta reunión de Cristo y su Iglesia: **¡Alegrémonos y regocijémonos y démosle gloria! Ya ha llegado el día de las** _____ _____ **del Cordero. Su** _____ **se ha preparado.**

Hace algunos años, se me ocurrió una ilustración de un sermón que no sirvió para nada. Estábamos estudiando el tema de este capítulo, la Iglesia. Señalé que la Biblia llama a la Iglesia la "Novia de Cristo". Hice una señal y apareció una novia en la parte superior del pasillo central del santuario. Qué mejor manera de concluir el sermón, pensé, que invitar a la novia de Cristo a caminar por el pasillo central. Escogimos a una voluntaria, la vestimos con un traje de novia y un velo: un velo que cubría su rostro. En el momento apropiado, hice señas para que comenzara la música y la novia comenzara su caminata.

Ella lo hizo... caminó en dirección a un banco. No sé cómo esperaba que hiciera otra cosa; el velo cubría su rostro. Se recompuso y partió de nuevo, solo para caminar hacia otro banco. No podía quedarse en el camino. Se abrió paso hasta varios bancos antes de que alguien, misericordiosamente, saliera para guiarla por el pasillo.

La imagen es adecuada. Nosotros también nos movemos de un lado a otro. Nosotros también luchamos por encontrar nuestro camino como la Novia de Cristo. Sin embargo, Dios ha enviado su Espíritu para que nos acompañe. Él sabe que el velo bloquea nuestra visión. Él sabe que tropezamos y caemos. A veces no somos tan fieles como deberíamos serlo. No siempre respondemos cuando él nos llama para pasar tiempo con nosotros. A menudo nos preocupamos por cosas menos importantes.

Pero aun así, él nos llama suyos. Todavía nos llama su novia.

Y algo me dice que él, como nosotros, recordará la apariencia de la novia como lo más destacado de la boda final.

Sin embargo, entre el ahora y ese entonces, hay que prepararse. Una boda no se lleva a cabo sin preparación. Las invitaciones enviadas, la ceremonia planificada, las vidas individuales de la pareja alineadas como una sola. Cristo promete que se llevará a cabo la preparación para ese día. De hecho, él asume la responsabilidad del desarrollo de su Iglesia.

Cuando Dios edifica algo, lo construye para que dure. En Mateo 16:18, él promete:

**"Edificaré mi _____, y las puertas del reino de la muerte no _____".**

Jesús comenzó a edificar su Iglesia durante el tiempo que ministró en la tierra. Y comenzó con sus discípulos.

No había un teólogo entre ellos. Ni un solo rabino, escriba o sacerdote. No había un erudito en el grupo. Nadie había estudiado en el extranjero ni viajado por el mundo. La mayoría de ellos eran de clase baja y obreros. Más de abajo que de arriba; más obreros que ejecutivos. Gente común con acciones comunes. Con debilidades comunes. Podrían ser mezquinos y sarcásticos. Gruñones, incluso. Discutían entre ellos. Incluso discutían con Jesús.

Le decían lo que no podía hacer y lo que debía hacer. Roncaban cuando deberían haber orado. Corrían cuando deberían haberse quedado. Para ser precursores de la fe, ciertamente tenían su cuota de dudas.

Cuando Jesús los invitó a caminar sobre el agua, solo uno salió de la barca. Cuando se durmió en la tormenta, lo acusaron de quedarse dormido en el trabajo. Cuando les dijo que alimentaran a las multitudes, pensaron que estaba loco. Cuando prometió volver de entre los muertos, descartaron la idea.

Ninguno de ellos, ninguno, esperaba que lo hiciera. En cinco ocasiones les aseguró que abandonaría la tumba. Pero, ¿lo buscaron la mañana de Pascua? Difícilmente. Se escondieron tras unas puertas cerradas. Incluso después de su resurrección, después de casi seis semanas de ver a un hombre muerto comer, caminar y respirar, algunos de los discípulos todavía dudaban. Impresionante.

Los primeros seguidores de Jesús. Cabeciduros y lentos para creer. ¿Santos? ¿Eruditos? ¿Sabios?

Difícilmente. Los hemos convertido en íconos de vitrales. Les hemos dado sus nombres a iglesias, universidades y catedrales en su honor. Se habrían reído de tal idea. No eran tan especiales, lo que hace que la promesa de Jesús lo sea aún más.

## LA PROMESA DE DIOS

*Mi Iglesia es inquebrantable.*

## MI PROMESA

*Me uniré a la familia eterna de Dios.*

La ciudad de Cesarea de Filipo se asentaba directamente en el límite entre Israel y el mundo gentil. Atraía caravanas y peregrinos desde lugares tan al sur como Etiopía y al norte como Éfeso y Asia Menor. Como cualquier ciudad de la antigua Palestina, era un crisol de personas. Parte Las Vegas, parte Nueva York, parte Ciudad del Vaticano. Fue en la vorágine de esa cultura que Jesús les preguntó a Pedro y a sus otros discípulos: "¿Quién dicen ustedes que soy yo?".

Jesús no planteó esa pregunta en Galilea, donde fue aplaudido y seguido por la multitud.

Ni en Capernaúm donde era el rabino más popular. Esto no era Caná, donde Jesús salió en rescate de la boda sin vino ni Jericó, donde Jesús disfrutó de un desfile. Esta era la cosmopolita Cesarea de Filipo. En el contexto de esta ciudad, preguntó.

"¿Quién dicen ustedes que soy yo?"

Era el turno de Pedro para responder. Pedro siempre fue impredecible. Poseía una gran pasión y entusiasmo. Podía recordar la primera vez que se había encontrado con Jesús. Después de un largo y caluroso día de pesca sin capturar nada, estaba listo para tirar la toalla... o la red en su caso. Pero ese hombre Jesús había insistido en que lo intentara una vez más. ¡Pedro nunca había visto una pesca de esa magnitud! Más de lo que sus redes podían soportar. Pero fue lo que Jesús dijo después de ese momento lo que cambió su vida. "De ahora en adelante, Pedro, pescarás personas".

Jesús invitó. Pedro aceptó. ¡Y qué clase de aventura fue esa! ¡Qué cosas tan asombrosas pudo ver! El cojo caminó. Los ciegos podían ver. Los cinco mil fueron alimentados. Los muertos resucitados. Las tormentas silenciadas. El agua se convirtió en pavimento bajo sus pies, bueno, al menos por un momento o dos. Todavía estaba enojado consigo mismo por haber apartado los ojos de Jesús y haber mirado las olas.

Después de lo que pudo haber sido un largo silencio, dio su respuesta: "Tú eres el Cristo, el Hijo del Dios viviente" (Mateo 16:16).

Jesús dijo:

**"No te lo ha revelado _____, sino _____ que está en los cielos" (Mateo 16:17).**

Pedro no llegó a esta convicción por lógica humana, apertura mental o discernimiento espiritual. Alcanzó esta cima porque Dios lo llevó a ella. Dios depositó una semilla de fe, semilla que fue todo lo que Jesús necesitó para inaugurar la misión más ambiciosa de la historia: la Iglesia. Todo en el ministerio de Jesús había conducido a ese punto. El nacimiento virginal. La crianza nazarena. La presentación por Juan el Bautista. El bautismo en el Jordán. El caminar sobre el agua y llamar a los muertos a la vida. Hasta ese punto, Cristo había hecho mucho. Y ahora sabemos por qué.

El carpintero tenía otro proyecto sobre la mesa. El mismo hombre que hizo mesas, sillas y carretas de bueyes en Nazaret, dio a conocer un proyecto en Filipos. Le dijo a Pedro:

*"Sobre esta piedra edificaré mi iglesia, y las puertas del reino de la muerte no prevalecerán contra ella"* (Mateo 16:18).

Sobre la creencia inquebrantable de que Jesús era el Hijo de Dios, se edificaría la esperanza de la Iglesia.

"Edificaré mi iglesia".

La palabra operativa es "edificar". Edificar es dar forma, clavar, crear. Los edificadores construyen.

Jesús está "edificando" su Iglesia. Selecciona piedras. Él te está levantando de tu montón y a mí del mío y cimentándonos juntos. Él está edificando su Iglesia.

"[Yo] edificaré...", explicó. Jesús no delegó esa tarea. Ustedes no edifican la Iglesia, ni

Yo. Podemos empujar la carretilla o barrer el piso, pero Jesús y solo él es el Maestro artesano. Cristo es el encargado de la obra. Y Cristo no falla.

"Construiré..." No "Intentaré construir..." ni "Espero construir..." Ni "Si puedo resolver todos los problemas, construiré..." No. Nada de eso. Jesús completará este proyecto. Una vez que él inicia una obra, la termina.

Él edificará su Iglesia. Esta es la primera vez que esta palabra aparece en la Biblia. Eclesia. Significa los llamados. Los congregados. Los reunidos.

Satanás intentará derrotarnos. Él nos dividirá por un tiempo. Él nos desviará por una generación o por diez. Nos arrastrará hacia su caverna oscura por décadas, pero no prevalecerá. Pero la Iglesia de Jesucristo, edificada sobre la persona de Jesús sí prevalecerá. El plan de Dios siempre ha sido construir su Iglesia; emplear a la gente común en su causa poco común.

Gente. Gente común. Recaudadores de impuestos, pescadores, panaderos, caminantes.

Gente como tú y como yo. Somos las manos y los pies de Jesús. Somos sus embajadores. Éramos su respuesta a los hambrientos y a los desalentados.

Él podría haber usado ángeles. Podría haber creado una especie sobrehumana de robots evangelizadores. Podría haber delegado leones, guepardos y águilas. Pero nos eligió a nosotros.

Y ahí está el problema. La Iglesia, como las personas, es imperfecta.

Lo sé bien. Estoy en mi cuarta década de ministerio. He visto una iglesia utilizada para la autopromoción, la especulación y la política. He visto miembros de la iglesia discutir, pelear y dividirse. Puedo identificarme con la historia de un hombre que le dijo a su esposa: "Hoy es domingo y no voy a ir a la iglesia. Ya he tenido suficiente de esa gente".

Su esposa respondió: "Hay dos razones por las que tienes que ir. Primera: Dios nos manda a amar a la iglesia. Segunda: tú eres el pastor".

No nos rindamos. Bajo su cuidado, los impetuosos Pedros se convertirán en predicadores. Los Hijos del Trueno se convertirán en apóstoles de la esperanza. Los Tomás saldrán de la sombra de las dudas y las María Magdalena encontrarán gracia para su pasado. Jesús edificará su Iglesia.

Así que alinea tu vida con esta promesa.

Cuando le dijiste sí a Cristo, dijiste sí a su Iglesia. Jesús no añadió una invitación a lo que le dijo a Pedro. "Edificaré mi iglesia. ¿Quién quiere acompañarme? Él no nos dio la opción porque sabía que podríamos rechazarla. Somos un montón desordenado. Tenemos todos los complejos, angustias y dolores de cabeza imaginables. Procedemos de todos los escenarios impositivos, tribus, latitudes y actitudes. No estamos de acuerdo con la política, los presidentes ni con el premilenialismo. Sin embargo, por todo lo que nos separa, hay una verdad que nos une.

Creemos que Jesucristo es el Hijo de Dios.

Y en base a eso, Jesús está construyendo un movimiento.

La novia se está preparando. Puede que necesite algo de trabajo. Ella puede tener una imperfección o dos. Pero no dudes ni por un momento del amor del novio por la novia.

Mantén esta promesa en tu corazón:

"Edificaré mi iglesia, y las puertas del reino de la muerte no prevalecerán contra ella".

Eres la Iglesia. Así que haz de esto tu propia promesa:

Me uniré a la familia eterna de Dios.

## PREGUNTAS PARA LA REFLEXIÓN

1. ¿Cuál es la diferencia entre "una iglesia" y "la Iglesia"?

_____

_____

_____

_____

2. ¿Por qué crees que Jesús decidió usar hombres y mujeres quebrantados y defectuosos para formar su Iglesia?

_____

_____

_____

_____

3. ¿Por qué es importante para ti comprometerte con una comunidad de hermanos en la fe? ¿Cuáles son los beneficios para tu crecimiento espiritual?

_____

_____

_____

_____

## ORA LA PROMESA

Jesús, tú eres la piedra angular de la Iglesia.

Nuestro fundamento está basado en ti y en tus grandes promesas.

Y sin embargo nosotros, las piedras

Hemos decidido construir la Iglesia, somos toscos y sin pulir.

A menudo no encajamos bien juntos.

Oramos para que tu Espíritu Santo nos moldee

y nos forme,

para que encajemos bien.

Unifica a tu Iglesia en el amor para que podamos

ser una luz para el mundo.

Amén.

# CAPÍTULO 25

## DIOS SUPLIRÁ TODAS TUS NECESIDADES

Si alguna vez hubo un invitado no convidado a la fiesta de nuestra vida, es Preocupación. Esta no tiene nada positivo que ofrecerle a nadie. Y, sin embargo, abre silenciosamente la puerta de nuestros corazones y nuestras mentes para deslizarse sin previo aviso. Luego se instala sigilosamente en un lugar cómodo y hace planes para quedarse a largo plazo.

Cuando se le pide cortésmente que se vaya, se niega con indiferencia. Luego reanuda su incesante rutina de arrojar una sombra oscura de miedo en el corazón y una lobreguez que bloquea la luz en nuestra perspectiva. Bajo el peso hechizador de la preocupación, sentimos y vemos cosas que aún no han sucedido y que tal vez nunca ocurrirán.

Puedes ver que eso ocurre a tu alrededor si miras lo suficientemente cerca.

Una viajera se para en la línea de seguridad del aeropuerto y se quita el brazalete. Ya colocó sus zapatos en un contenedor de plástico, los líquidos en la bolsa de plástico y sacó la tarjeta de embarque de su bolso. Se pregunta en cuanto a los hongos que hay en el suelo. ¿Perderá su vuelo? ¿Llegará el vuelo a tiempo? ¿Lo logrará? Detesta esos pensamientos pero, de todos modos, los permite. ¡Cualquier día de estos se acabará su suerte!

Por otro lado, hay un compañero sentado en la última fila de la clase de inglés como segundo idioma.

Preferiría la primera fila pero, cuando abordó el autobús de la ciudad y soportó el tráfico de la tarde, los mejores asientos ya estaban ocupados. Sus manos todavía huelen a agua de fregar en el restaurante donde Preocupación trabajó desde las 6:00 de la mañana. Dentro de doce horas estará en el fregadero otra vez, pero por ahora hace lo mejor que puede para entender los verbos, los adverbios y los sustantivos. Todos los demás parecen entenderlo. Él no. Nunca diagramó una oración en español, ¿cómo lo hará en inglés? Sin embargo, sin inglés, ¿cómo podrá hacer algo más que lavar platos? La preocupación tiene más preguntas que respuestas, trabajo que energía; por lo que piensa, a menudo, en darse por vencido.

Sé cómo se sienten esos dos personajes. La preocupación también se ha abierto camino en mi hogar. Recientemente me desperté a las 4:30 de la madrugada, luchando con un sermón. Debía tenerlo terminado a las 5:00 de la tarde. Me tapé la cabeza con la almohada y traté en vano de regresar al dichoso inframundo del sueño que no sabe nada de plazos ni fechas de finalización. Pero fue demasiado tarde. La pistola del juez de salida había disparado. Un escuadrón olímpico de sinapsis corría en mi cerebro, provocando una estela de adrenalina. Entonces, Preocupación se levantó de la cama, se vistió, salió de la casa a las calles silenciosas y condujo hasta la oficina. Me quejé, primero por el abarrotado itinerario, luego por mi mala gestión del tiempo. Preocupación abrió la puerta, encendió la computadora y miró el pasaje en el monitor.

Pero luego sonreí. Allí en la pantalla había una dirección muy clara. Mateo 6:25 arrojó algunas palabras preciosas que Jesús habló acerca de la preocupación:

**"Por eso les digo: No se _____ por su vida, qué comerán o beberán…"**

Nuestros caminos están plagados de carencias y agotamientos. Parece que no tenemos suficiente tiempo, suerte, sabiduría ni inteligencia. Nos estamos quedando sin nada de eso, al parecer, por lo que nos preocupamos. Pero la preocupación no ayuda.

Hay una mejor manera en frente de nosotros. El pasaje de Mateo continúa:

"Fíjense en las aves del cielo: no siembran ni cosechan ni almacenan en graneros; sin embargo, el _____ las alimenta. ¿No valen ustedes mucho más que ellas? ¿Quién de ustedes, por mucho que se preocupe, _____ de su vida?" (Mateo 6:26-27).

La preocupación no le llenará el vientre a un ave con comida ni el pétalo de una flor con color. Los pájaros y las flores parecen llevarse bien y no toman antiácidos. Es más, puedes dedicar una década de pensamientos ansiosos a la brevedad de la vida y no extenderla ni un minuto. La preocupación no logra nada.

Jesús no condena la preocupación legítima por la responsabilidad, sino la mentalidad constante que descarta la presencia de Dios. La ansiedad destructiva sustrae a Dios del futuro, enfrenta incertidumbres sin fe, cuenta los desafíos del día sin considerar a Dios en la ecuación. La preocupación es el cuarto oscuro donde los negativos se convierten en fotografías brillantes.

¿Alguna vez escuchaste la canción "No te preocupes, sé feliz"? Bueno, ¿sabías que en realidad eso es posible? Hay una promesa llena de esperanza en Filipenses 4:19 que dice: *Dios suplirá todas tus necesidades.*

Un amigo mío vio un ejemplo de inquietud perpetua en su hija de seis años. En su prisa por vestirse para ir a la escuela pensó en los cordones de los zapatos y en el nudo que debía hacerse. Así que se sentó al pie de las escaleras y se obsesionó con el enredo. El autobús escolar estaba por llegar mientras los minutos pasaban, pero ella no consideró que su padre estaba cerca y dispuesto a ayudarla si se lo pedía. Llegó al punto en que sus pequeñas manos comenzaron a temblar y las lágrimas empezaron a caer. Finalmente, en una expresión de total frustración, dejó caer su frente sobre sus rodillas y sollozó.

Ese es un retrato del tamaño de la preocupación destructiva que puede tener un niño. No obstante, la fijación por algo tan simple como un nudo puede llevarnos al punto que la ira y la exasperación nos embarguen y no consideremos la presencia de nuestro Padre, que está muy cerca. Mi amigo, por fin, se encargó de ayudar a su hija.

Para empezar, ¿por qué no le pidió ayuda a su padre? Podríamos preguntarnos lo mismo. La próxima vez que estés temblando de ansiedad, echa un vistazo a esta promesa inquebrantable que se encuentra en Filipenses 4:19: Dios suplirá todas tus necesidades.

Ora, primero. No deambules de un lado a otro de la sala de espera; ora por una cirugía exitosa. No te lamentes por el colapso de una inversión; pídele a Dios que te ayude. No te unas al coro de compañeros de trabajo que se quejan de su jefe, invítalos a inclinar la cabeza contigo para orar por él. Inocúlate interiormente para afrontar tus miedos aparentes con la oración.

Imita a la madre de Jesús en la boda de Caná. En la recepción se acabó el vino, lo cual se consideraba un gran error social en los tiempos de Jesús. María podría haber culpado al anfitrión por la mala planificación, o a los invitados por beber en exceso, pero no hizo un lío de eso. No hubo sesiones de terapia ni asesoramiento. Al contrario, le presentó el problema a Jesús. Y él convirtió el agua en vino. Problema resuelto.

Cuando tienes un problema, ¿cuál es tu primera respuesta? ¿Pánico? ¿Gritas? ¿Preocuparte? ¿Quién tiene tiempo para eso? ¡Evalúa rápidamente el problema, llévalo a Jesús y déjalo hacer su trabajo!

Conviértete en el terror de las preocupaciones. Trátalas como si fueran mosquitos. ¿Procrastinas cuando un insecto chupasangre se posa en tu piel y piensas: "Me encargaré de eso en un rato"? ¡Por supuesto que no! Le das la bofetada que se merece. Haz lo mismo con la ansiedad. En el momento en que surja una preocupación, golpéala. No le prestes atención. Olvídate de las preocupaciones antes que saquen lo mejor de ti. No pierdas ni un minuto preguntándote qué piensa tu jefe, pregúntale ya. Antes de diagnosticar ese lunar como cáncer, háztelo examinar. En vez de asumir que nunca saldrás de deudas, consulta a un experto. Actúa, no le des tiempo a la preocupación.

¿Cómo puedes armarte de fuerza para echar fuera las preocupaciones y hacerle espacio a la paz prometida? Reclamando y confiando en la preciosa promesa de Filipenses 4:19: "Dios suplirá todas tus necesidades". Y eso significa *todas ellas.*

LA PROMESA DE DIOS

*Supliré todas tus necesidades.*

MI PROMESA

*Confiaré en Dios, que ha de satisfacer mis necesidades.*

Si alguna vez hubo un lugar en el que la preocupación no solo fuera frecuente, sino hasta abrumadora, probablemente sería la prisión. Imagina lo que pasa por la mente de un hombre encadenado que reflexiona sobre su destino. ¿Será sometido a tortura? ¿Volverá a ver a su esposa e hijos? ¿Se enfermará y consumirá por la desnutrición? ¿Será olvidado y dejado ahí hasta que muera? ¿O será condenado a muerte en una exhibición pública para dar una lección a los demás? Tantos pensamientos oscuros, como esos, podrían entrar en el corazón de un hombre encarcelado.

Pero no si ese hombre era Pablo. Él eligió otro camino. Pablo estaba empobrecido. La razón por la que tenemos la carta llamada Filipenses es porque una iglesia se compadeció de su pobreza. No tenía dinero. Pero tenía alegría en su corazón. Puede que fuera todo lo que tuviera, pero era suficiente.

No tenía salud. Su cuerpo cansado mostraba las marcas de los azotes, los naufragios y las enfermedades. Habló de una espina en la carne y se quejó de la fragilidad de sus ojos. Su dinero se había esfumado, su salud estaba fallando.

Y, lo que es peor, su vida laboral estaba en peligro. Los gálatas estaban desertando. La iglesia de Corinto estaba peleando. La iglesia de Éfeso estaba luchando. Los romanos necesitaban aliento. Fue un momento difícil para Pablo. Monedero vacío. Salud fugaz. Iglesias batallando. Y, para colmo, terminó en la cárcel. ¡Qué mal momento para ser arrestado! El viejo apóstol ni siquiera tuvo un buen momento.

El manto de la vejez cubre sus hombros. Su barbilla cuelga como un paño gastado y las cadenas romanas descansan a sus pies como un perro cansado. Pablo está al final de la fila, una larga fila.

Pero dale una oportunidad y te contará la mejor de las historias. Inclinará su gran cabeza hacia un lado y sonreirá con ironía. Hablará de la luz que lo dejó ciego y de la voz que lo dejó sin palabras.

"Saulo, Saulo", le había dicho Jesús.

Así como Abraham fue llamado a caminar por fe o como Moisés fue llamado a liberar a los esclavos, ahora Saulo fue llamado a hacer ambas cosas. Y casi al mismo tiempo que Nerón nació en Roma, Saulo se convirtió en Pablo y nació de nuevo en Damasco. Durante las próximas tres décadas, ni Pablo ni el mundo serían los mismos.

Incansable. Enfocado. Indefectiblemente fiel. Recorrió el mundo oriental cosiendo tiendas de campaña, predicando a Cristo y plantando iglesias. Era delgado, decisivo, brillante e inflexible. Y como era rígido, la iglesia le temía más que amarlo; por lo que durmió en más cárceles que en hoteles. Pero eso no molestaba a Pablo. El sufrimiento era tolerable porque tenía lo único que importaba.

Tenía al Señor.

Él, el pecador, había encontrado a Cristo —el Salvador—; pero este era un pecador que nunca sería silenciado. Ponlo en una sinagoga y él predica. Ponlo en un bote y él testificará. Mételo a la cárcel y escribirá.

Pero aquí surge una pregunta curiosa. Si hubieras sido ciudadano romano en el año 61 o 62 d. C. y alguien te hubiera puesto a elegir, ¿preferirías ser el emperador Nerón o el apóstol Pablo? ¿Descansando en el palacio o encerrado en prisión? ¿Cuál hubieras elegido? Hazle la pregunta a Pablo y él responderá rápidamente. *Aunque mis recursos puedan ser limitados, Dios siempre proveerá lo que necesito.*

Pablo abrazó las mismas palabras que escribió en Filipenses 4:19:

**Mi Dios les _____ lo que necesiten, conforme a las _____ que tiene en Cristo Jesús.**

¡Muy bien! Esa es la promesa. Ese fue el descubrimiento de Pablo. Esa es la esperanza del creyente. Dios se encarga de nuestras vidas. No importa cuán terribles puedan parecer nuestras circunstancias, él nos dará todo lo que necesitemos, aunque esté dentro de la celda de una prisión.

Para la mayoría de nosotros, nuestras prisiones no están hechas de paredes. Estamos aprisionados por el pasado, por nuestros miedos, por nuestra culpa, por nuestra ira, por nuestras heridas.

Estamos aprisionados por mil y una piedras invisibles apiladas cruelmente unas sobre otras.

Sin embargo, como Pablo, podemos plantar un jardín de paz en nuestra prisión de problemas. No es necesario buscar muy lejos para ver el bien que hizo Pablo. No pasa un día sin que miles no sean instruidos e inspirados por su vida. El suyo es uno de los nombres más perdurables.

Si tuvieras la opción, si te ofrecieran un palacio sin Cristo o una prisión con él, ¿cuál elegirías?

Algunos de ustedes son como Pablo. A lo largo de los años, les han quitado mucho: salud, amigos, familia, futuro. Otros son como Pablo en prisión. Solo que, en tu caso, la prisión no está hecha de paredes, sino de circunstancias. Pero mírate. Todavía hay un brillo en tus ojos y una canción en tus labios. Has aprendido bien. Como Pablo, tú también has mantenido un corazón gozoso. En vez de estar paralizado por la preocupación de lo que pueda venir, avanzas en la fe con tu confianza en Cristo.

Otros de nosotros podríamos aprender un poco más. En vez de enfocarnos en lo malo que hay en nuestras vidas, podríamos fijar nuestra mirada en lo que está bien. En lugar de usar nuestra voz para quejarnos, podríamos emplearla para cantar. Y en vez de vivir con miedo, podríamos vivir en la fe.

No necesitamos darle ningún lugar a la preocupación en nuestras vidas. Tenemos la promesa de que Dios suplirá todas nuestras necesidades. Y con esa promesa nuestros corazones pueden llenarse de alegría y agradecimiento. No es una cuestión de dudar si él lo hará. Es simplemente una cuestión de si decidiremos creerlo y actuar en consecuencia. No importa qué cadenas te detengan hoy ni qué rejas bloqueen tu progreso y te roben tu libertad, te animo a recordar la promesa de Dios... y te insto a hacerla tuya:

**"Confiaré en Dios, que ha de satisfacer mis necesidades".**

## PREGUNTAS PARA LA REFLEXIÓN

1. ¿Cuáles son tus tres mayores necesidades en este momento?

_____

_____

_____

_____

2. ¿Cuáles son los obstáculos que enfrentas para satisfacer tus necesidades?

_____

_____

_____

_____

3. ¿Estás listo para confiarle tus necesidades a aquel que dijo que satisfará todas tus necesidades? ¿Qué, en todo caso, te está frenando?

_____

_____

_____

_____

## ORA LA PROMESA

Jesús, qué extraordinaria promesa me has dado:
que suplirás TODAS mis necesidades a través de tus riquezas.
Cuando el miedo y la duda se apoderen de mi mente,
hazme como el hombre de los evangelios que clamaba:
"Creo pero, por favor, ayuda mi incredulidad".
Ayúdame a apartar mis ojos de mis necesidades
y dirigirlos a tu misericordia
y tus riquezas en gracia.
Amén.

# CAPÍTULO 26

## DIOS HA FIJADO UN DÍA DE JUICIO

En las primeras horas de la madrugada del 14 de diciembre de 2012, Daniel Barden se despertó temprano y disfrutó del espectáculo que presentaba la aurora. A través de las siluetas de los árboles desnudos, pudo ver el cielo oscuro aledaño a su hogar —en Newtown, Connecticut—, cobrar una coloración anaranjada rojiza. Las luces del árbol de Navidad, reflejadas en la ventana, salpicaban el amanecer.

"¿No es eso hermoso?", le preguntó Daniel —de siete años— a su padre, que captó el momento en una foto antes de acompañar a su hijo al autobús escolar.

Daniel fue uno de los veinte niños y seis adultos que —un poco más tarde esa mañana— fueron asesinados a tiros en la Escuela Primaria Sandy Hook.

Mark, el padre de Daniel, ha reflexionado sobre esa última mañana más veces de las que puede contar. Recuerda cómo su pequeño hijo se tomó un momento para abrazar a su hermana Natalie y despedirla en el autobús escolar. Tocaron la canción "Navidad, Navidad, hoy es Navidad" en el piano. Más tarde, Daniel bajó corriendo las escaleras, con el cepillo de dientes todavía en la boca, para abrazar y besar a su madre antes de que se fuera al trabajo.

La mayoría de las mañanas, cuando Mark Barden acompañaba a Daniel al autobús escolar, su hijo insistía en un juego rápido en el que uno perseguía al otro hasta que lograba tocarlo.

Esa mañana, Mark le preguntó a Daniel: "¿Tenemos que jugar a tocarnos hoy? En vez de eso, ¿podemos agarrarnos de la mano?". Así lo hicieron. Sencillamente se agarraron de las manos.

David no tenía forma de saber la ira que estaba a punto de estallar. Un pistolero trastornado estaba al acecho esperando la oportunidad para masacrar a unas personas inocentes. Sandy Hook no fue la primera masacre en la historia de Estados Unidos. Pero parecía la más cruel. Esos no eran adultos, eran niños. Eso no era una guerra, era un barrio tranquilo. Ellos no eran criminales, eran niños de primaria en una escuela elemental en una mañana de vacaciones. Los niños no merecían morir. Sus padres no merecían tal dolor. Pero hay un lamentable recordatorio demasiado común: la vida no es justa.

¿Cuándo aprendiste esas palabras? *No es justo.* ¿Qué acto te expuso a las desequilibradas balanzas de la vida? ¿Un accidente automovilístico dejó viuda a tu madre? ¿Alguna enfermedad dejo tu cuerpo desfigurado? ¿Te olvidaron tus amigos, te ignoró un maestro, abusó de ti un adulto? ¿Cuándo descubriste la injusticia de la vida? ¿Cuándo pronunciaste por primera vez la oración del profeta Jeremías? ¿Por qué prospera el camino de los impíos? (Ver Jeremías 12:1).

Hay muchas preguntas fáciles de hacer pero difíciles de responder. ¿Por qué los traficantes de drogas se enriquecen? ¿Por qué los delincuentes sexuales quedan impunes? ¿Por qué son elegidos los charlatanes? ¿Por qué salen en libertad los asesinos? ¿Por qué los tramposos se multiplican? ¿Por qué triunfan los bribones? ¿Hasta cuándo florecerá la injusticia?

La respuesta de Dios es directa: pronto pagarán.

Tenga la confianza de saber que se hará justicia. Tal vez no en nuestro tiempo preferido, sino en el tiempo perfecto de Dios. Él no está sentado de brazos cruzados. Él no está jugando con sus pulgares. Cada giro del calendario nos acerca al día en que juzgará todo mal.

El apóstol Pablo nos asegura en el Libro de los Hechos que:

"Él [Dios] ha fijado un día en que _____ al mundo con justicia" (Hechos 17:31).

"Fijar" significa "determinar", "decidir". Se ha decidido —fijado— un día del juicio. Se marcó la hora y se reservó el momento. El juicio no es una posibilidad, es una cruda realidad.

"Día del juicio final" es una frase impopular. No nos gusta la imagen de una gran hora en la que se ajusten las cuentas, eso es irónico. Menospreciamos el juicio pero valoramos la justicia, pero la segunda es imposible sin la primera. No se puede tener justicia sin juicio. Por esa razón, el tribunal comparte el mismo estatus con el trono del rey como los dos símbolos del Gran Día.

Mateo 25:31 cuenta que el día que Jesús regrese:

... se _____ en su trono glorioso.

Todos los pueblos de todas las naciones se postrarán ante su autoridad. Cada persona reconocerá al Rey y a su reino de un solo rey.

Pablo nos dice, en 2 Corintios 5:10, que *es necesario que todos comparezcamos ante el tribunal de Cristo, para que cada uno reciba lo que le corresponda, según lo bueno o malo que haya hecho mientras vivió en el cuerpo.*

La justicia prevalecerá.

Esta promesa puede no importarte. Para algunas personas, la vida es justa y nada más. Si eso te describe, cuenta tus bendiciones. Hay otros, sin embargo, que libran una batalla diaria con la ira. Les han robado; los malvados les han quitado los días con sus seres queridos; la enfermedad ha minado la salud de su cuerpo. Ellos creen que se debe hacer justicia.

Yo soy una de esas personas. Mi hermano fue atacado. El alcoholismo le robó la alegría a su vida. Durante dos tercios de sus cincuenta y siete años, luchó contra el licor. Le costó su familia, sus finanzas y sus amigos. No era inocente, lo entiendo. Compraba licor y tomaba sus decisiones. Sin embargo, estoy convencido de que Satanás le asignó un escuadrón especial de matones para tentarlo. Cuando encontraron su debilidad, se negaron a ceder. Lo llevaron a la lona y le quitaron el autocontrol a golpes.

Estoy listo para ver a Satanás pagar por sus crímenes contra mi hermano. Espero con ansias ese momento cuando esté junto a Dee; nuestros cuerpos redimidos y nuestras almas seguras. Juntos veremos al diablo atado, encadenado y arrojado al lago de fuego. A partir de ese momento comenzaremos a recuperar lo que el diablo se robó.

¿Puedo animarte a poner todas las injusticias de la vida delante de Cristo?

Sigue el ejemplo de las mujeres de una aldea en Sudán llamada Dinka.

Los soldados respaldados por el gobierno devastaron su asentamiento, masacrando cruelmente a más de cien personas. Los fundamentalistas musulmanes capturaron a los fuertes, abandonaron a los débiles, quemaron chozas y arrasaron cultivos. El horror, sin embargo, dio paso a la esperanza. Un remanente de sobrevivientes, esposas y madres de los asesinados y desaparecidos juntaron palos y los ataron en forma de pequeñas cruces.

Antes de enterrar los cuerpos y llorar sus pérdidas, clavaron las cruces en el suelo. No como conmemoración de su dolor, sino como declaraciones de su esperanza. Eran seguidoras de Jesús. Los palos cruzados expresaban su fe viva en un Dios amoroso que podría y daría sentido a esa tragedia.

Haz lo mismo con tus tragedias. Colócalas a la sombra de la cruz y recuerda: Dios entiende la injusticia. Él corregirá todos los males y sanará todas las heridas. Él ha preparado un lugar donde la vida será finalmente y para siempre... justa.

## LA PROMESA DE DIOS

*He fijado un día en que juzgaré al mundo.*

## MI PROMESA

*Respetaré la justicia de Dios y me deleitaré en la gracia de Dios.*

El apóstol Pablo es elogiado por su capacidad para estar contento en todas las circunstancias. Creo que eso se debía a que tenía la capacidad de ver más allá del presente y enfocarse en el futuro. Aunque podía ser pobre, las riquezas del cielo lo esperaban. Aunque estuviera cautivo en una celda llena de estiércol, pronto estaría libre caminando por las gloriosas calles del cielo. Pablo estaba seguro de su futuro y eso cambió su perspectiva respecto al presente.

Él tenía fe en Dios. Confiaba que, en el tiempo perfecto de Dios, se haría justicia. La palabra griega para tribunal es *bema*. El término denota un tribunal en sesión, un lugar donde el juez está presente y se pronuncian los veredictos. Desde su trono, Jesús equilibrará para siempre la balanza de la justicia. Lo hará a través de tres declaraciones:

*Primero, él perdonará públicamente a su pueblo.*

Cuando Pablo dijo que "todos debemos comparecer ante el tribunal de Cristo", se refería a todas las personas. "Todos" incluye a toda la humanidad. Pablo no excluyó su nombre de esa lista, tampoco se excluye el de nosotros. Todos estamos incluidos.

Puede que deseemos que se nos excluya. Sobre todo si consideramos que, según Romanos 2:16, este será "el día en que, por medio de Jesucristo, Dios juzgará los secretos de toda persona". No quiero que escuches mis pensamientos secretos. No quiero que mis espectadores sepan los sermones que temía o las conversaciones que evitaba. ¿Por qué Cristo expondrá toda obra del corazón cristiano? Por el bien de la justicia. Él debe declarar cada pecado perdonado.

Dios filtra su veredicto a través de Jesús. Los creyentes no se pararán solos ante el estrado. Jesús estará a nuestro lado. A medida que se revele el pecado, también se revelará el perdón.

Cuando una voz diga: "Max le mintió a su maestro", la voz de Jesús dirá: "Ya tomé su castigo". Cuando otra voz diga: "Max jugó con la verdad", la voz de Jesús dirá: "Yo morí por ese pecado".

Cuando otra voz diga: "Max se quejó de nuevo", la voz de Jesús dirá: "Lo sé. Lo he perdonado. La lectura continuará y seguirá hasta que cada pecado de cada creyente sea proclamado y perdonado.

La justicia de Dios exige un conteo detallado. No permitirá la menor insinuación de injusticia en su nuevo reino. Todo ciudadano sabrá que todos los pecados han sido descubiertos y perdonados. El cielo no puede ser tal cosa con secretos o pasados enterrados.

Pero no te avergonzarás. Al contrario, quedarás atónito. Tu asombro crecerá a medida que se alargue la lista de pecados perdonados.

El resultado será un cielo revestido de justicia. Ningún santo verá a otro con sospecha. Ningún santo mirará su pasado con culpa. Todo será revelado. Todo será perdonado. La exhibición pública de los pecados perdonados impulsará la eterna gratitud a nuestro Salvador.

Pero espera, ¡eso no es todo! Aún hay más buenas noticias para el pueblo de Dios.

*La segunda declaración es que él aplaudirá el servicio de sus siervos.* Pablo nos dice: *"Él sacará a la luz lo que está oculto en la oscuridad y pondrá al descubierto las intenciones de cada corazón. Entonces cada uno recibirá de Dios la alabanza que le corresponda"* (1 Corintios 4:5).

Dios te guiará a través de tu vida día a día, momento a momento. Como si un video reprodujera tu biografía, emitirá elogio tras elogio. "Renunciaste a tu asiento en el autobús. Bien hecho. Saludaste al nuevo alumno de tu clase. Buen trabajo. Perdonaste a tu hermano, animaste a tu vecino... te quedaste despierto durante el mensaje de Max, estoy muy orgulloso de ti".

Dios anota y recompensa tu bondad. Es justo que lo haga. Y como es un Dios justo, declarará el perdón de su pueblo y aplaudirá el servicio de sus siervos.

Así como el general les pone una medalla a sus soldados, Dios les coloca una túnica a los suyos. Pero para aquellos que luchan contra Dios, se aplica la tercera declaración:

*Él honrará los deseos de los malvados.*

El apóstol Pablo escribió en Romanos 1:21 y 23 que algunas personas que no lo trataron como Dios, y se negaron a adorarlo, se presentarán ante él. Ellos cambiaron la gloria de Dios, que tiene el mundo entero en sus manos, por figuritas baratas que puedes comprar en cualquier puesto de carretera. Pasaron toda su vida deshonrando al Rey y lastimando a su pueblo. Se burlaron de su nombre y le hicieron la vida miserable a sus vecinos.

Un Dios justo debe honrar los deseos de los que lo rechazan.

Incluso nuestro sistema judicial, por frágil que sea, no obliga a los acusados a defenderse. Al acusado se le ofrece un abogado, pero si opta por comparecer solo ante el juez, el sistema lo permite.

Dios también. Ofrece a su Hijo como abogado. Jesús comparecerá en el juicio al lado de cada persona, excepto aquellos que lo rechacen. Cuando se lean sus hechos, el tribunal del cielo no escuchará más que silencio.

"Negaste mi presencia". Silencio.

"Abusaste de mis hijos". Silencio.

"Difamaste mi nombre". Silencio.

"Ignoraste mi palabra". Silencio.

"Rechazaste a mi Hijo". Silencio.

¿Qué respuesta se puede dar? ¿Qué defensa se puede ofrecer? Dios tiene razón. Dios es justo. Nadie en el cielo ni en el infierno acusará al juez de injusticia cuando anuncie: *"Apartaos de mí, malditos, al fuego eterno preparado para el diablo y sus ángeles"* (Mateo 25:41).

En efecto, la justicia prevalecerá.

Pablo fue muy claro. Se acerca el día en que se ajustarán las cuentas. Deja que este pacto disminuya la ira que sientes por el mundo herido. Las devastaciones han ensangrentado a cada generación. ¿Tiene nuestro globo un kilómetro cuadrado de suelo sin manchas? Los hutus masacraron a 800.000 tutsis. Hitler exterminó a seis millones de judíos y gitanos. Las bombas estadounidenses devastaron Hiroshima y Nagasaki. Los japoneses torturaron a los soldados estadounidenses. Hubo bombas suicidas en Bagdad, asesinatos en masa en Sandy Hook; no es justo, no es razonable, no es ecuánime que prospere el mal. Cuando te preguntes si los malvados impenitentes quedarán impunes o si las injusticias no serán abordadas, deja que esta promesa satisfaga tu deseo de justicia. Dios tendrá la última palabra.

Encamina las tragedias de la vida a través de la justicia del futuro. No creas que Dios no ve el mal ni entiende las injusticias. Él equilibrará su balanza. Él corregirá todos los males y sanará todas las heridas. Él ha preparado un lugar donde la vida será finalmente y para siempre justa. Puedes estar seguro de eso. Dios te lo promete: Porque [Dios] ha fijado un día en que juzgará al mundo.

Ahora haz tu propia promesa.

**Respetaré la justicia de Dios y me deleitaré en la gracia de Dios.**

## PREGUNTAS PARA LA REFLEXIÓN

1. En muchos círculos, es impopular hablar del juicio de Dios. ¿Por qué crees que ocurre eso?

_____

_____

_____

_____

_____

2. ¿Cuál es el propósito del juicio de Dios? (Sugerencia: revisa las tres declaraciones).

_____

_____

_____

_____

_____

3. Acabamos de leer que "Dios tendrá la última palabra". ¿Cuál será su última palabra para ti?

_____

_____

_____

_____

## ORA LA PROMESA

Dios, sé que eres justo y recto.

Un día me presentaré de pie ante ti en el juicio,

Aunque, aparte de tu gracia,

Merezco el castigo eterno.

Sin embargo, me has ofrecido el perdón por la cruz de Cristo.

La gracia, un regalo que no puedo ganar, está allí para que yo la reciba de ti.

Ayúdame a decir la verdad sobre tu Día del Juicio en el amor

y abrazar la gracia que es de ti.

Amén.

# CAPÍTULO 27

## DIOS HARÁ TODO NUEVO

Mi amigo Dan es un ávido corredor. Solíamos anotar los kilómetros que corríamos juntos, pero luego me hice mayor y él se hizo más fuerte; lo cual es un tema para un libro sobre cómo mantenerse saludable. Luego completó un triatlón Ironman en Lake Placid, Nueva York. De todas las actividades Ironman del mundo, esta destaca por su participación comunitaria. El último kilómetro de la carrera se corre la pista del estadio de la escuela secundaria. Los vecinos llenan las gradas con el único propósito de animar a los que finalizan. Ellos llegan temprano en la tarde para celebrar con el ganador y se quedan en la noche para esperar a los rezagados. Muchos de los corredores no llegan al estadio hasta mucho después de la puesta del sol.

Dan fue uno de esos. Había estado nadando, andando en bicicleta y corriendo desde las 8:00 de la mañana. Tenía calambres en las piernas y dolores en los pies. Todo dentro de él quería renunciar. Pero entonces escuchó el rugido. Todavía a unos kilómetros del estadio, escuchó los vítores de la multitud reunida.

Aceleró el paso. Podía ver las luces del estadio en la distancia. Por el sistema de megafonía escuchó: "¡Y desde San Antonio, Texas, Dan Smith!".

¡El lugar estalló en ovaciones! Gente que nunca conocería lo llamaba por su nombre. Los niños pequeños cantaban: "¡Dan! ¡Dan! ¡Dan!". Se le fue el dolor. Olvidó el cansancio. Estaba rodeado por una gran multitud de testigos.

Tú también. Escucha atentamente, el pasaje apela, y escucharás a una multitud de hijos de Dios instándote a continuar. Noé está entre ellos. También María, la madre de Jesús. ¿Oyes el apoyo de los mártires del primer siglo? ¿Qué pasa con los líderes de las iglesias chinas o los misioneros del siglo dieciocho en África? Algunos de nosotros tenemos mamá y papá, hermano o hermana, incluso un hijo, en las gradas. Todos ellos son parte de la gran nube de testigos.

Por eso también, cuando entendemos estos versículos, celebramos.

¿De qué versículos estamos hablando?

Hebreos 11 dice:

**Aunque todos obtuvieron un testimonio favorable mediante la _____, ninguno de ellos vio el cumplimiento de la _____. Esto sucedió para que ellos no llegaran a la meta sin nosotros, pues Dios nos había preparado algo mejor ... Por tanto, también nosotros, que estamos rodeados de una _____, despojémonos del lastre que nos estorba, en especial del pecado que nos asedia, y _____ _____ la carrera que tenemos por delante (Hebreos 11:39-40; 12:1).**

Estos versículos constituyen el signo de exclamación en uno de los mejores capítulos de toda la Biblia. El escritor de Hebreos nos da infunde valor para el futuro al analizar a los héroes del pasado. Acaba de acompañarnos a través del Salón de la Fama de la Fe.

**Por _____ Abel ofreció a Dios un sacrificio más aceptable... (v. 4).**

**Por _____ Noé... construyó un arca... (v. 7).**

**Por _____ Abraham... obedeció... (v. 8).**

**Todos estos fueron encomendados por _____, pero ninguno de ellos vio el cumplimiento de la promesa (Hebreos 11:39).**

Esperaríamos que el siguiente versículo nos dijera: "Ya tienen lo prometido". Anhelaríamos que las próximas palabras del escritor fueran: "En su nuevo hogar celestial, son completamente recompensados, habiendo recibido plenamente la bendición por la cual vivieron". Pero no, no dice eso. El escritor sorprende, incluso nos aturde, al describir cómo será la unidad en el cielo en lugar de hablar de las recompensas de los fieles en su nueva vida eterna. Otra versión lo expresa de esta manera: *Ninguna de esas personas, a pesar de que sus vidas de fe fueron ejemplares, consiguieron lo que se les prometió. Dios tenía un mejor plan para nosotros* (BEM).

Presiona el botón de pausa en ese pasaje. ¿Quién es el "nosotros" en ese texto? Somos tú y yo. Somos parte de la bendición de los santos. Un elemento de su recompensa es "nosotros". ¿Cómo podría ser eso? ¿Cómo podríamos mejorar tú y yo la recompensa celestial de Abraham, Moisés y Sara? El siguiente versículo dice: "Dios tenía un plan mejor para nosotros: que su fe y nuestra fe se unieran para formar un todo completo, que sus vidas de fe no estarían completas sin las nuestras" (Hebreos 11:40 BEM).

Estas palabras enseñan una verdad notable. Los santos del cielo están esperando que aparezcamos. El cielo no será tal cosa hasta que todos los hijos de Dios estemos en casa.

Si alguna vez has sido parte de una celebración navideña familiar, sabes exactamente lo que esto significa.

Soy el menor de cuatro hijos. Cuando tuve la edad suficiente para disfrutar de la Navidad, mis dos hermanas mayores ya tenían sus maridos y sus casas propias. Para mí, el gran momento de las vacaciones no era tanto la llegada de San Nicolás sino la de mis hermanas. El sonido del auto en la entrada de la casa y las voces de ellas eran lo máximo para mí. *¡Al fin, todos estábamos juntos!* Y así será el cielo.

Así es como se suponía que debía ser. Hemos aceptado la idea de que la muerte es solo una parte natural de la vida, pero no lo es. El nacimiento sí lo es. Respirar también. Las risas a carcajadas, los abrazos fuertes y los besos antes de acostarse también lo son. Pero ¿la muerte? La muerte no. Es difícil de entender. Una de las razones por las que decimos tan poco en los funerales es que no sabemos qué decir. La muerte nos aturde y nos silencia. No parece encajar. ¿Por qué Dios nos da un compañero de pesca y luego se lo lleva? ¿Un hijo y después se lo lleva? ¿Por qué Dios te crea y te presenta al mejor esposo de la historia si no pueden estar juntos para siempre?

La muerte no parece correcta. De hecho, no lo es. Está mal. La muerte irrumpió en el jardín del Edén como consecuencia de la maldición. El plan original de Dios no incluía un último día, ni un aliento terminal ni unos latidos del corazón finales. Por eso, cuando llegan, nos duele.

Pero un día, entraremos en ese estadio y la multitud nos animará y los que nos han precedido nos darán la bienvenida a casa. Todo el cielo está a la espera de ese día. Aunque el cielo es maravilloso, no estará completo hasta que todos sus hijos estén en casa. ¡Y qué clase de hogar será ese! No será un lugar superpoblado o desordenado. No, Dios está preparando algo nuevo y maravilloso para nosotros.

### LA PROMESA DE DIOS

*¡Estoy haciendo todo nuevo!*

### MI PROMESA

*Fijaré mis ojos en las cosas de arriba.*

Después que Jesús regresó al cielo, los discípulos no eludieron su comisión de ir por todo el mundo y predicar el evangelio. Más aun, se extendieron por todo el mundo conocido llevando el mensaje a quienes aún no lo habían oído. Pero la pasión tiene un precio, por lo que —después de años de predicación, persecución y sacrificio— encontramos al discípulo Juan desterrado a la isla de Patmos por el gobierno romano. Por negarse a dejar de testificar acerca de Jesús, viviría los últimos años de su vida en una isla reservada para criminales.

Pero es ahí, en esa isla de la muerte, donde Juan recibió su mayor revelación de lo que es la vida venidera para Cristo y la iglesia.

Por eso escribió:

Vi [yo, Juan] además la _____, la nueva Jerusalén, que bajaba del _____, preparada como una novia hermosamente vestida para su prometido (Apocalipsis 21:2).

Este pasaje parece una pintura de Juan en la entrada a la galería de arte del cielo. Habiendo descrito el cielo nuevo y la tierra nueva, comienza con un retrato de la ciudad nueva. Observa la emoción que Juan expresa: "Vi además la ciudad santa…"

Esta es la primera vez que este amado discípulo de Jesús habla de esa manera. Los capítulos anteriores contienen no menos de ocho declaraciones en las que decía "Vi".

Vi…

- un caballo blanco
- un ángel de pie
- la bestia…
- los reyes de la tierra
- un ángel que desciende

Pero cuando Juan ve la Nueva Jerusalén, hace algo diferente. Hace de que aquello su momento. "[Yo, Juan] vi la ciudad santa, la Nueva Jerusalén..."—como si no pudiera creer que él es el testigo de aquella metrópolis. Él es un arqueólogo que desentierra la Piedra Rosetta, un violinista que localiza el primer Stradivarius. Juan contempla la joya de la corona del cielo: la Nueva Jerusalén.

¿Por qué debería interesarnos una Nueva Jerusalén? Juan responde con una ráfaga de adjetivos y metáforas que resultan en dos explicaciones.

Primero, Dios tiene espacio para nosotros.

Juan escribe:

**El ángel que hablaba conmigo llevaba una caña de oro para medir la ciudad, sus puertas y su muralla. La ciudad era cuadrada; _____. El ángel midió la ciudad con la caña, y tenía dos mil doscientos kilómetros: su longitud, su anchura y su altura eran _____. Midió también la muralla, y tenía _____, según las medidas humanas que el ángel empleaba (Apocalipsis 21:15-17).**

Así que descarta cualquier idea de congestión en esa ciudad. Juan nos aclara que el tamaño de la Nueva Jerusalén supera la imaginación: más de dos mil kilómetros de largo, ancho y alto. Lo suficientemente grande como para contener la masa de tierra desde los Apalaches hasta la costa oeste. Canadá a México. Cuarenta veces el tamaño de Inglaterra. Diez veces el tamaño de Francia y más grande que la India. Y eso es solo la planta baja.

La ciudad es tan alta como ancha. Si Dios la organizara en pisos como lo haría un arquitecto con un edificio, la Nueva Jerusalén tendría 600.000 pisos, un amplio espacio para miles de millones de personas. Un amplio espacio para ti.

En esta vida no siempre ha habido espacio para ti, ¿verdad? ¿Cuándo descubriste la congestión de este mundo? La escuela no tenía espacio para ti. El equipo no tenía espacio para ti. El horario de tu padre no tenía espacio para ti. Tu jefe simplemente no encuentra espacio para ti. Aprendemos temprano que la cantidad de recursos es finita. Solo hay una medida de tiempo, solo hay espacio para determinada cantidad de estudiantes, solo tantos asientos. Simplemente no hay suficiente espacio. En consecuencia, somos eliminados, cortados, descartados y rechazados. Pero en el cielo hay abundante espacio con cuantiosa provisión.

Sin embargo, ¿nos atrevemos a confiar en que Dios cumplirá su promesa? ¿Experimentaremos realmente un lugar así?

¿Cómo podemos saber que no cambiará de opinión? La respuesta está grabada en la piedra de la Nueva Jerusalén. Dios tiene gracia para nosotros.

Juan escribió acerca de un gran muro con doce puertas y los nombres de las doce tribus escritos en ellas.

Ahora, no te pierdas este mensaje. ¿Quiénes son esos doce hijos de Israel cuyos nombres vemos en las puertas de la ciudad? Simeón y Levi están en la lista. Eran los hermanos que atacaron a una tribu y los mataron a todos, para vengar a una hermana deshonrada. Judá, otro de los doce, se equivocó y dejó embarazada a una niña. Nueve de los hermanos conspiraron para matar a otro hermano, José, pero terminaron vendiéndolo como esclavo en Egipto. Guerrilleros, estafadores intrigantes y mentirosos.

Suena más a la multitud de un club nocturno a las 3:00 de la madrugada que a una galería de héroes de la fe. Sin embargo, estos son los nombres grabados en la puerta de la Nueva Jerusalén.

¿Y nos atrevemos a mencionar los otros nombres en los cimientos? ¿Acaso estos nombres forman el cuadro de honor del cielo? Estos fueron los discípulos que dejaron a Jesús solo para enfrentar su crucifixión mientras ellos corrían y se escondían. Sin embargo, todos sus nombres aparecen en los cimientos. El de Mateo, sí. Pedro, sí. Bartolomé, sí. Juan, sí.

Los nombres de las doce tribus y los apóstoles; material improbable para los grabados del cielo. Grabamos los pisos de granito de iglesias e instituciones con nombres de héroes y filántropos; eruditos y exploradores. Pero ¿y nosotros, que no somos ninguno de los anteriores?

"Tengo espacio y gracia para ti", dice Dios. Nuestros pecados no serán recordados.

No más lucha con la tierra. No más vergüenza ante Dios. No más tensión entre las personas. No más muerte. No más maldición. La eliminación de la maldición devolverá al pueblo de Dios y al universo a su estado original. Lo hará por la obra de Jesucristo en la cruz. Cristo nos redimió de la maldición de la ley haciéndose maldición por nosotros. Cristo soportó todas las consecuencias de la maldición; su vergüenza, su humillación, incluso su muerte. A causa de lo que hizo, la maldición será anulada.

Todo nuevo. No es de extrañar que Juan estuviera tan entusiasmado al transcribir lo que había visto. Lo viejo se habrá acabado. Se acabaron las salas de espera de los hospitales. Los papeles de divorcio manchados de lágrimas no existirán más. Los ultrasonidos negativos. Se acabó la soledad, los avisos de ejecución hipotecaria y el abuso. Se acabó el cáncer.

Jesús dice: Yo hago nuevas todas las cosas.

Dios se apoderará de cada átomo, emoción, insecto, animal y galaxia. Él reclamará todo cuerpo enfermo y toda mente afligida. Hacer menos sería admitir su derrota. Destruir el universo es admitir que no se puede ni renovar. Sin embargo, rescatarlo y redimirlo es otra demostración más de la máxima autoridad de nuestro Hacedor.

Romanos 8:19 dice: *La creación aguarda con ansiedad la revelación de los hijos de Dios…* Cada página y promesa de la Biblia nos invitan y nos emocionan con el atractivo de un nuevo día, una nueva tierra y un nuevo reino.

Como lo escribe Juan en Apocalipsis 21:5, Dios ha prometido: "¡Yo hago nuevas todas las cosas!".

Y podemos pararnos en esta promesa, con una fe inquebrantable en lo que está por venir, haciendo nuestra propia promesa:

**"Fijaré mis ojos en las cosas de arriba".**

## PREGUNTAS PARA LA REFLEXIÓN

1. ¿Alguna vez has querido una "repetición" en la vida? ¿Es esto lo que Dios quiere decir cuando afirma que hará nuevas todas las cosas? ¿Por qué?

_____

_____

_____

_____

_____

2. ¿Cuándo comienza la vida eterna en el cielo?

_____

_____

_____

_____

_____

3. ¿Cómo puedes vivir ahora, en esta vida, de una manera "celestial"?

_____

_____

_____

_____

_____

## ORA LA PROMESA

Jesús, pongo mi corazón en las cosas de arriba, en los lugares celestiales.

Te miro a ti, porque en ti están escondidas las riquezas de la vida.

Tu plan es hacer todas las cosas nuevas,

y creo que estás redimiendo a personas y lugares incluso ahora.

Mantenme fuerte hasta el final para que pueda ser hallado fiel

el día que regreses.

Amén.

# CAPÍTULO 28

## EDIFICA TU VIDA SOBRE LAS PROMESAS DE DIOS

Cuando mis hijos eran pequeños, hicimos un viaje de vacaciones por carretera. Mis hijas tenían cinco años, tres y un bebé. Manejamos desde San Antonio, Texas, hasta Santa Fe, Nuevo México. Les hablé del tiempo que pasaríamos en el auto, las montañas, los arroyos y el aire frío de las tierras altas. Intentaron imaginarse el viaje, pero aún tenían preguntas, por lo que les costaba entender la idea. Así que hicieron más preguntas. ¿Nos cansaremos? ¿Nos perderemos? ¿Pasaremos frío? Intenté explicarles todo, pero no tenían marco de referencia. Ponían sus ojos en blanco. Entonces, en vez de darles información, les hice una promesa: "Yo cuidaré de ustedes. Los llevaré hasta allí". Así que tomaron una decisión maravillosa. Confiaron en mí.

Lo mismo ocurre con las promesas que Dios nos ha hecho. Estas promesas son la costura que une el articulado de la Biblia. Desde el principio de los tiempos, la relación de Dios con el hombre ha sido moldeada por requisitos y promesas específicas, decretos inmutables que definen el devenir de la historia.

Un estudiante de las Escrituras pasó un año y medio tratando de contar la cantidad de promesas que Dios le hizo a la humanidad. ¡Contó 7.487 promesas! Las promesas de Dios son pinos en las Montañas Rocosas de las Escrituras: abundantes, inflexibles y perennes. Algunas de ellas son positivas, confirman las bendiciones. Otras tienen efectos negativos. Pero todas son vinculantes.

Dios es un hacedor de promesas.

Mientras Dios preparaba a los israelitas para enfrentar una nueva tierra, les prometió que haría maravillas nunca antes hechas en ninguna nación del mundo, y que todos las verían. (Ver Éxodo 34:10-11).

Observa que Dios no enfatizó la fuerza de los israelitas. Él destacó la suya. No recalcó la habilidad de ellos. Acentuó la suya.

Los equipó para el viaje destacando la capacidad de él para hacer y cumplir sus promesas.

Lo que él dice sucederá. Sus promesas son irrevocables porque Santiago 1:17 dice:

[Él] no cambia como _____ ni se _____ como las sombras.

Él es inmutable. No hace correcciones a mitad de camino. No es presa de los estados de ánimo ni del clima. Él es fiel.

Lee esta escritura en Hebreos. Una promesa fundamental sobre la que todos los demás pueden apoyarse. Hebreos 10:23 dice esto:

fiel es [Dios] el que _____ la promesa.

Confía. Puedes confiar en que si él lo ha dicho, lo cumplirá. Él es fuerte. No promete de más ni cumple de menos. Él puede y hará lo que prometió.

La Escritura declara que es imposible que Dios mienta. Una roca no puede nadar. Un hipopótamo no puede volar. Una mariposa no puede comerse un plato de espagueti. No puedes dormir en una nube. Así mismo, Dios no puede mentir. Nunca exagera, manipula, miente ni adula. Este versículo no dice que es poco probable que Dios mienta o que es improbable que Dios mienta. No, la declaración es clara: ¡es imposible! Las Escrituras no podrían ser más directas. El engaño simplemente no es una opción.

De modo que, la pregunta entonces no es, ¿cumplirá Dios sus promesas? Sino, ¿edificaremos nuestra vida sobre ellas? ¿Sobre qué estás construyendo? ¿Sobre las circunstancias de la vida o sobre las promesas de Dios? Vivimos en tiempos de desesperación. La tasa de suicidios sigue aumentando. Si una enfermedad tuviera tal pico, la consideraríamos epidemia. ¿Cómo explicamos el aumento? Nunca hemos sido más educados. Tenemos herramientas tecnológicas con las que nuestros padres solo podían soñar. Estamos saturados de entretenimiento y recreación.

Sin embargo, más personas están orquestando sus propias muertes hoy más que nunca. ¿Cómo es posible esto?

Entre las respuestas debe estar la que sigue. La gente se muere por *falta de esperanza*. El secularismo anula la esperanza de la sociedad. Reduce el mundo a unas pocas décadas entre el nacimiento y la carroza fúnebre. La gente cree que este mundo es tan bueno como parece y, seamos sinceros, no lo es.

Pero la gente de la promesa tiene una ventaja. Filtran la vida a través de las promesas de Dios. Cuando surgen problemas, se les puede escuchar diciéndose a sí mismos: "Pero Dios dijo…". Cuando las luchas amenazan, se les puede ver hojeando las Escrituras: "Creo que Dios dijo algo sobre esto". Al consolar a otros, son propensos a preguntar: "¿Conoces la promesa de Dios sobre este tema?".

Dwight L. Moody lo dijo así: "Si un hombre se alimenta un mes con las promesas de Dios, no hablará de lo pobre que es". Si solo leyeras desde Génesis hasta Apocalipsis y vieras todas las promesas hechas por Dios a Abraham, a Isaac, a Jacob, a los judíos y a los gentiles, como a todo su pueblo en todas partes; si pasaras un mes alimentándote de las preciosas promesas de Dios, no estarías quejándote de lo pobre que eres. Levantarías la cabeza y proclamarías las riquezas de su gracia, porque no podrías evitar hacerlo.

Oro para que descubras la esperanza —la *esperanza inquebrantable*— que proviene de construir tu vida sobre las promesas de Dios. Declaremos esto juntos:

**"Edificaré mi vida sobre las promesas de Dios".**

Tengo muchas peculiaridades, una de las cuales es un pulgar izquierdo tembloroso. Durante la última década más o menos, se me ha estremecido. Seriamente. Es como si mi pulgar viviera de una gota de cafeína. Si bebiera café con la mano izquierda, lo derramaría por todas partes. Pero como no soy zurdo el temblor no me molesta y lo uso como tema de conversación. "Oye, ¿puedo mostrarte mi pulgar tembloroso?".

Me he acostumbrado a ese temblor. Al principio, sin embargo, no estaba tan tranquilo. El temblor me estremecía. Pensé que algo se había desconectado. Desde que mi padre falleció de esclerosis lateral amiotrófica, mi imaginación comenzó a asumir lo peor. La situación era especialmente desconcertante porque el pulgar izquierdo me sigue a donde quiera que vaya. Cuando me peino, el viejo se tambalea. Cuando golpeo, adivina quién no puede calmarse. Si levanto mi mano izquierda para enfatizar un punto en un sermón, es posible que no confíes en lo que digo debido al nudillo torcido.

Programé una cita con el neurólogo y entré a su consultorio con la boca seca y aterrorizado.

Me examinó. Me hizo caminar, mantener el equilibrio y hacer girar algunos platos en mi dedo. (Es broma. No me hizo caminar). Me golpeó con el martillo de goma y me hizo algunas preguntas. Luego, después de un tiempo interminablemente largo, dijo:

—No debes preocuparse.

—¿Necesito tratamiento?

—¿No?

—¿Necesito silla de ruedas?

—No, no por lo que puedo ver.

—¿Seguro?

Luego hizo algo bueno, dijo:

—Te lo aseguro. No tienes que preocuparte por tu pulgar.

Entonces, con confianza salté, le agradecí y salí. Me sentí mejor. En algún momento de camino a casa, noté mi mano izquierda en el volante. Adivina lo que estaba haciendo mi pulgar. Estaba temblando.

Por primera vez tuve la oportunidad de mirar el temblor de otra manera. Podía reflexionar sobre el problema o recordar la promesa. Así que le dije: "Ya no estás recibiendo mi atención". A partir de ese momento, cada vez que el pulgar se portaba mal, pensaba en la promesa del médico.

¿Qué está temblando en tu mundo? Probablemente no sea tu pulgar, pero muy posiblemente sea tu futuro, tu fe, tu matrimonio o tus finanzas. Es un mundo inestable el que nos rodea. Pero tienes promesas con las cuales afrontarlo. La gente de la promesa construye su vida sobre las promesas de Dios. Cuando surgen problemas, se les puede escuchar susurrando: "Pero Dios dijo…" Cuando las luchas amenazan, se les puede ver hojeando las Escrituras, y diciendo: "Creo que Dios dijo algo sobre esto". Toman la decisión deliberada de construir sus vidas sobre las promesas de Dios, no sobre las circunstancias de la vida. Son como Abraham que *no anduvo de puntillas alrededor de la promesa de Dios haciendo preguntas cautelosamente escépticas. Se sumergió en la promesa y salió fortalecido* (Romanos 4:20 BEM).

A medida que confías en las promesas inquebrantables, descubres la esperanza inmutable de Dios.

Como dice la Escritura:

**Tenemos como firme y segura _____ una esperanza que penetra hasta detrás de la cortina del santuario, 20 hasta donde _____, el precursor, entró por nosotros (Hebreos 6:19-20).**

Mira los términos clave de la primera frase: ancla y alma.

El ancla tiene un propósito: estabilizar el barco. Necesitas un ancla como la del tatuaje en el antebrazo de Popeye; pesada, de hierro fundido y de doble punta.

¿Por qué? Porque tienes un recipiente valioso. Tienes un alma. Un ser eterno. El alma es esa parte de ti que te separa de los animales y te une a Dios. Y esa alma necesita un ancla.

Nuestra ancla está puesta en el mismo salón del trono de Dios. Nunca se soltará. El ancla está puesta y la cuerda es fuerte. ¿Por qué? Porque está fuera del alcance del diablo y bajo el cuidado de Cristo.

Y como nadie puede quitarte a tu Cristo, nadie puede quitarte tu esperanza.

¿Puede la muerte quitarte la esperanza? No, porque Jesús es más grande que la muerte. ¿Puede el fracaso tomar tu esperanza?

No, porque Jesús es más grande que tu pecado. ¿Puede la traición secuestrar tu esperanza? No, porque Jesús nunca te dejará. ¿Puede la enfermedad acabar con tu esperanza? No, porque Dios ha prometido, ya sea de este lado de la tumba o del otro, sanarte. La muerte, el fracaso, la traición, la enfermedad y la desilusión, no pueden quitarte la esperanza, porque no pueden quitarte a Jesús.

Me encanta cómo lo expresa Hebreos 6:17-20 en la versión de la Biblia El Mensaje: *Simplemente agarra la esperanza prometida con ambas manos y no la sueltes nunca. Es una línea de vida espiritual inquebrantable, que va más allá de todas las apariencias hasta la misma presencia de Dios donde Jesús, corriendo delante de nosotros, ha ocupado su puesto permanente como sumo sacerdote para nosotros.*

Hazte esta pregunta: "¿Es a lo que estoy agarrado más fuerte que lo que voy a pasar?".

Todo el mundo está anclado a algo. Unos están anclados a una cuenta de jubilación, otros a un currículum. Algunos están atados a una persona; aún otros están vinculados a una posición. "Cuando venga la tormenta", dicen, "esta ancla me ayudará a pasar".

El problema es que muchas de esas personas están ancladas a objetos superficiales. No harías eso en un bote, ¿verdad? ¿Anclarías en una boya o en otro barco? Dios no lo permita. Quieres algo que vaya a lo más profundo y mantenga tu embarcación más firme que las demás. Pero cuando te anclas a las cosas de este mundo, ¿no estás haciendo lo mismo? ¿Puede una cuenta de jubilación sobrevivir a una depresión? ¿Puede la buena salud sobrellevar una enfermedad? No hay garantía de eso.

Los marineros expertos te instarían a aferrarte a algo sólido. Hebreos da el mismo mensaje. No confíes en la boya que flota en el agua, no confíes en los marineros de un barco cercano ni en el otro barco. De hecho, ni siquiera confíes en tu propio barco. Cuando llegue la tormenta, no confíes en nadie más que en Dios.

Russell Kelso Carter hizo eso. Era un atleta estrella y un estudiante destacado. A los 15 años, durante un encuentro de oración, entregó su vida a Cristo. Más tarde se convirtió en instructor en la

Academia Militar de Pensilvania y llevó una vida diversa y fructífera que incluyó períodos como ministro, médico e incluso compositor. Pero fue su comprensión de las promesas de Dios lo que hace que su historia sea relevante para nosotros hoy.

Carter, diagnosticado con una condición cardíaca crítica a los treinta años, se enfrentaba a una muerte inminente. Pero ¿qué hizo él? Se arrodilló e hizo una promesa. Independientemente de si obtuvo sanidad o no, su vida estaría para siempre consagrada al servicio del Señor. A partir de ese momento, las escrituras de la Biblia cobraron nueva vida para Carter y comenzó a apoyarse en las promesas que allí encontraba.

Dios decidió sanarlo y Carter vivió, con un corazón sano, otros cuarenta y nueve años. Su decisión de confiar en Dios en medio de las dificultades dio origen a un himno que aún hoy se canta.

El coro dice:

*De pie, de pie,*
*De pie sobre las promesas de Dios mi Salvador; de pie, de pie,*
*Estoy parado en las promesas de Dios.*

Mi estrofa favorita se encuentra en el segundo verso. Es el siguiente:

*De pie sobre las promesas que no pueden fallar,*
*Cuando las tormentas aullantes de la duda y el miedo asalten,*
*Por la Palabra viva de Dios prevaleceré,*
*De pie, sobre las promesas de Dios.*

Haz lo mismo. Edifica tu vida sobre las promesas de Dios. Puesto que sus promesas son inquebrantables, tu esperanza también lo será. Los vientos seguirán soplando. La lluvia seguirá cayendo. Pero, al final, estarás de pie, de pie, sobre las promesas de Dios.

Somos el pueblo de la promesa, y en sus promesas nos mantendremos firmes con una esperanza inquebrantable.

CASA
CREACIÓN

Te invitamos a que visites nuestra página web, donde podrás apreciar la pasión por la publicación de libros y Biblias:

**www.casacreacion.com**

[f] @CASACREACION
[t] @CASACREACION
[ig] @CASACREACION

*Para vivir la Palabra*